WILL CHINA SAVE THE WORLD

Grzegorz W. Kolodko

中国能否拯救世界

〔波兰〕格泽高滋·W. 科勒德克 著

张安琪 译

李一丹 吴舒钰 校

中国大百科全书出版社

图字：01-2019-4365

图书在版编目（CIP）数据

中国能否拯救世界？/（波）格泽高滋·W.科勒德克著；张安琪译. —北京：中国大百科全书出版社，2020.1

ISBN 978-7-5202-0639-6

Ⅰ.①中… Ⅱ.①格…②张… Ⅲ.①国际关系—研究 Ⅳ.①D81

中国版本图书馆 CIP 数据核字（2019）第 248984 号

策 划 人 曾 辉
责任编辑 曾 辉
封面设计 今亮后声
责任印制 常晓迪
出版发行 中国大百科全书出版社
地　　址 北京市阜成门北大街 17 号　　**邮政编码** 100037
电　　话 010-88390636
网　　址 http://www.ecph.com.cn
印　　刷 北京地大彩印有限公司
开　　本 710 毫米 ×1000 毫米　1/16
印　　张 14.25
字　　数 125 千字
印　　次 2020 年 1 月第 1 版　2020 年 1 月第 1 次印刷
书　　号 ISBN 978-7-5202-0639-6
定　　价 68.00 元

本书如有印装质量问题，可与出版社联系调换。

谨以此书献给我的中国朋友们，

这是一本振奋人心的书，

同时也是一个警告。

目 录

Contents

第三章　人口与货物：在变化的世界里

第四章　社会主义、资本主义还是中国主义？

第五章　化解危机的秘方

第六章　中国人会问什么？

第七章　中国特色的新实用主义

初步反思

现在会发生什么？接下来，我们的命运将是什么样？这些问题被关注得越来越多。“我们”代表不同的实体，从个人、群体到国家和社会，再到整个人类；从各国国民经济到区域经济乃至整个世界经济。过去，我们的文明曾多次处于十字路口，而我们总能跨过这些路口，发展到了现代。如今，我们再次处于十字路口，但这次看起来与我们从近代和更久远的历史中了解的情况大有不同。

直到不久前，关于世界将走向何方这个问题的答案似乎还取决于西方将在何种程度上证明自己。今天，我们可以看到，西方无法证明自己能够正确地领导新一轮的明日之战，因为它未能化解基本的文明挑战，也无法确保整个人类，甚至西方自身存在的合理性。要有效地确保这种合理性，需要面对三个划时代的问题：人口问题、环境问题和收入分配问题。这三个问题相互关联，必须同时解决。

如果不同时解决，就得不到解决，还会引发灾难性的后果。在未来的世界中，这种相互关联性会更强，尽管民族主义和经济保护主义有所抬头。这些问题和挑战是可以应对的，但我们需要以釜底抽薪的方式去处理当前越积越多的问题。

要想解决作为文明生存和发展必要条件的存在合理性问题，我们的思想和行动必须具有共同体意识。这是全球化的要求，而全球化是不可逆转的，原因有两个。首先，从技术层面来说，由于各国在经济、金融、贸易、服务和制造业间的相互联系已经形成，我们已经离不开全球化，全球化仍将与我们同在。其次，从经济层面来说，没有全球化，将难以解决已存在的经济问题，全球化仍将兴盛。因此，全球化是无法逃避的。但这并不意味着我们在全球化进程中不会面临麻烦。处理的诀窍是用全球化来应对人类文明的基本挑战。

现在之所以出现许多严重的问题，是因为在上一个时期，经济全球化取得了巨大的进步，而政治全球化还处于起步阶段。世界经济是相互依存、相互联系的，但没有实体来操纵它。认为有市场就足够的想法，是非常天真的。我们所需要的是引导和管理经济资源及其流动的实体和机构。不幸的是，看来西方无法提供这样的公共产品，到目前为止，还无人介入。这种状况能被改变吗?

如果出现能够长期引导经济进程和有利于共同体行动的机制，人们同时创造性地利用科技进步的巨大成果，就能改变这种状况。这是一项艰巨的任务，理论上是存在解决办法的，世界经济必须重新制度化。有必要将市场机制的力量与规章制度的力量结合起来，而后者必须依靠尚在发展的各国联合的全球性的制度化，而非仅依赖于某一个国家。这一任务能否成功完成，在未来几十年间，在文明处于下一个十字路口时，可见分晓。

在为明日而战时，任何人都不应该被轻视，但也不应该被高估。然而，展望未来，不难看到中国日益增强的作用。到目前为止，中国是世界上最大的经济体（如果用购买力平价方法来衡量 GDP），同时，中国将在塑造新的全球制度秩序方面拥有更大的话语权。正如在过去四十年中由于高效的生产力，中国经济在全球生产中所占的份额显著快速增长一样，在未来几十年，中国在全球治理体系中的地位也将迅速显著提高，这在某种意义上比在经济增速上形成对西方发达国家的超越更为重要。

对许多全球政治和经济形势观察家来说，中国成为以自由贸易或资本自由流动等为特征的全球化的倡导者，是令人惊讶的。在一代人以前，这是不可想象的。之所以会出现这种情况，是因为中国的发展得益于全球化。迄今为止，没有哪个国家能像中国这样将全球化转化为优势，通过政府支持的出口促进经济发展（充分利用凯恩斯政策工具，经济学家会如此补充）。中国不可能反对全球化，相反，大多全球化的反对者来自富裕的西方国家。

这让一些人非常恼火，尤其是面对中国与西方的文化和政治差异时。他们认为西方本应拯救我们，但却未能做到。另一些人将全球命运寄托于中国，因为中国已经成为一个权力不由资本控制而由国家控制的经济超级大国。这对未来有什么影响？对中国以及被全球化纽带联系在一起的其他经济体有何影响？这将对未来世界产生影响，还是只是发生在东方的偶然事件？

接下来会发生什么呢？

第一章

经济与安全

Will China Save the World?

中国能否拯救世界？

一、第二次冷战

这个时代是和平的，但也有战争。有相当多的地区冲突和局部冲突，但没有世界性的战争。幸运的是，世界上的巨头之间还未发生流血冲突。不过，美国、中国和俄罗斯这三个当代政治和军事舞台上最具影响力的角色，其意图和行为都有令人质疑之处。有些国家在展示自己的实力，使国际关系趋紧而营造着新的冷战气息，这对于经济合作以及构建更具包容性的全球化都是不利的。

不幸的是，我们已经可以讨论第二次冷战了。几年前在第一次世界大战爆发 100 周年之际，我就针对国际时局发表了这样的看法。当时我写道：一百年前，一场战争爆发了，持续了将近四年半，数以百万计的人被杀害。人们逐渐意识到这是一场世界级的战争。在 20 世纪 20 年代和 30 年代，它被称为“世界大战”。25 年后又爆发了一场战争，这才使 1914 年至 1918 年的这场战争被称为“第一次世界大战”。第二次世界大战（1939—1945）结束后不久，冷战就爆发了。这是西方与东方的对抗，而东方在几十年后被击败，甚至有人在 1989 年前后宣告了“历史的终结”。而现在看来，这一宣告为时过早了……

在经历了几十年的相对和平时期之后，第二次冷战开始了。事实上，1946—1989 年的冷战被历史学家称为第一次冷战。西方国家——最先挑起冷战的一方，获得了胜利。现在，西方又挑起了第二次冷战，但这次西方赢不了，东方也不会赢。胜利将由中国赢得，中国正在做自己的事情，其中最重要的是不断地进行改革和发展经济，逐年提高国际地位。几年后，或者十多年后，当美国鹰派及其盟友和俄罗斯强硬派厌倦了冷战之后，中国将成为一个更强大的超级大国，无论是从绝对实力来看还是相对美国、欧盟、俄罗斯等而言。其他国家的处境也会相对较好，包括那些拒绝被拖入冷战之中的新兴经济体〔科勒德克（Kolodko），2014d〕。这正是各国要做到的：不要被拖入其中。

美国，作为世界上最富裕的国家，不但没有考虑增加对外援助从而和各国一起打好经济基础以谋求和平发展，反而削减这方面的开支以便有更多的资金用于军备。尽管军费的数额已经很大，美国参议院仍在 2019 年增加 800 亿美元，2020 年将增加 850 亿美元军费（BBC，2018b）。2018 年，美国军费支出为 6,921 亿美元，同比增长 18.7%。与此同时，俄罗斯将军费削减 9.2%，降为 2.77 万亿卢布（423 亿美元）（Bershidsky，2017）。这一数字与美国军费支出相比少得惊人，但其在本国预算中的占比却要高得多，因为美国的国防开支只占财政预算的 3.3%，而俄罗斯约为 5%。俄罗斯总统普京以需要增加医疗、教育、科学和文化支出为理由来削减军费，但他的批评者很快指出，这只是他在 2018 年春季总统大选前使用的一种短期的政治营销说辞。

中国军费开支也在增长，约占 GDP 的 1.9%，这一比重大概是美国的一半。在绝对数量上，中国军费开支一年约 2,300 亿美元，只是美国的 1/3。但别忘了有些实际上服务于军事用途的支出被标记为其他开支，例如一些显然是服务于军队的研发支出被列入“科学”部门。当然，并不是只有中国这么做，其他国家也是如此。

中国的军费开支只相当于美国军费开支的一小部分，美国军费开支最近虽有大幅增加，但比十年前左右的高峰期略有减少。还有一些其他军事大国的军费开支增幅也不大，让我们感到一点儿安慰。

该领域的分析人士强调，在中国所有国防支出中，防御性武器和设备支出占主导地位。其主要任务之一是开发防御性武器装备。一旦发生冲突，这些武器装备将尽可能地使美国的军事力量远离中国海岸，越远越好。所以，关键是要把敌人驱离本国的海岸而不是让本国的军队更接近他国的海岸。这种策略在军事术语中叫作反介入与区域封锁（A2/AD）。当然，中国也正在开发各类进攻性武器，包括无人机等非常尖端的产品，且中国已开始出口这些武器。虽然中国在进攻性武器的技术研发方面远远落后于美国、俄罗斯乃至英国和法国，但据说，中国以西方 50% 的售价，出售性能是西方 75% 的产品〔马库斯（Marcus），2018〕。这对许多买家来说是一笔好买卖。

更令人担忧的是，美国总统唐纳德·特朗普并未寻求调解以及为良好的国际合作开发新渠道，而是在入主白宫一年后宣布：与其说中国和俄罗斯是美国的合作伙伴，不如说是竞争对手。因此，像《经济学人》这样以观点为主导的周刊，对超级大国之间日益增长的爆发冲突的危险发出警告，也不足为奇。《经济学人》杂志在 2018 年 1 月世界经济论坛年度会议期间发表以此为主题的文章，使得达沃斯会议中的政治家和商界人士、金融家和银行家、学者和媒体代表更加紧张。那么我们需要担忧吗？如果需要担忧，威胁来自谁，又是什么呢？

在世界上的许多地方，关于中国的危言耸听的言论尤其多，认为中国日益强大的实力会对其他国家构成威胁。中国不仅让日本、韩国、印度等周边国家感到恐惧，也让距离更为遥远的国家，包括西方国家尤其是美国和有恐华情绪的欧洲国家感到恐惧。相反，在另一些国家，中国的发展激发了人们对一个更加平衡的世界、一个新的全球秩序的希望。这个新秩序中将出现一种制衡力量，对抗占据主导地位却只关注自身利益的西方。

反华言论在美国当权机构以及一些保守的媒体和社会科学界人士中尤其强烈。在商业领域，发脾气当然是不可取的，也是有害的，但资本家和公司高管无力与外国竞争（通常是与中国竞争）时确实会感到沮丧。如果发脾气的是政客和说客，或者是与媒体界、学术界有密切联系的人，情况会更糟。

《经济学人》的封面故事《西方是如何错看中国的》以其咄咄逼人、情绪化而非理性的公开攻击（而不是一个基于事实的客观批评）让我震惊，这是在很长一段时间里，可能从上次冷战开始，给我留下印象最深的一篇文章。这篇文章认为，西方赌中国将会走向民主和市场经济。这场赌博失败了……中国将大量行业视为战略性行业，例如《中国制造 2025》计划利用补贴和保护措施，使包括航空和能源在内的 10 个行业占据世界领先地位，这些行业占中国制造业近 40% 的比重（《经济学人》，2018d）。事实上，中国没有采用西方放松管制的市场经济道路，而是采取积极的经济干预措施，通过有针对性的产业政策进行引导。但请注意，许多西方国家都有这样的政策，而像韩国等一些国家并没有因采取此类政策而受到质疑。如果事情确如那些不认同中国道路的人所说的那么糟糕，那么需要进一步考虑的应该是寻找这个问题的答案：为什么会这样，会有什么影响？然而，现实要复杂得多。

当然，对中国的批评并非没有根据。因为中国的经济政策和旨在改善国内局势的系统性解决方案可能会让其他国家付出高昂代价，在当前形势下，这些国家无法跟上竞争的步伐。美国的结构性贸易失衡已经成为一段时间以来引发美国反华情绪的主要原因，美国和其他西方国家还指责中国窃取其商业秘密和试图利用软性手段对其施加影响。

美国贸易逆差产生的最主要原因是美国出口疲软且竞争力不足，而不是像唐纳德·特朗普和其他反华人士所提出的是因为中国的不公平竞争。是时候认识到，美国一些行业缺乏竞争力的根本原因是收支结构不合理，这表现在许多方面，例如员工工资、管理人员薪酬和所有者的利润过高。进一步做成本/收益分析可以看出，工资是决定成本的主要因素，而在自由竞争的全球市场中，高成本终将转化为缺乏竞争力。然而从长远来看，诉诸贸易保护主义的做法不会有多大用处，对中国的口头攻击也是徒劳，这样做只会破坏已经不太好的大环境。

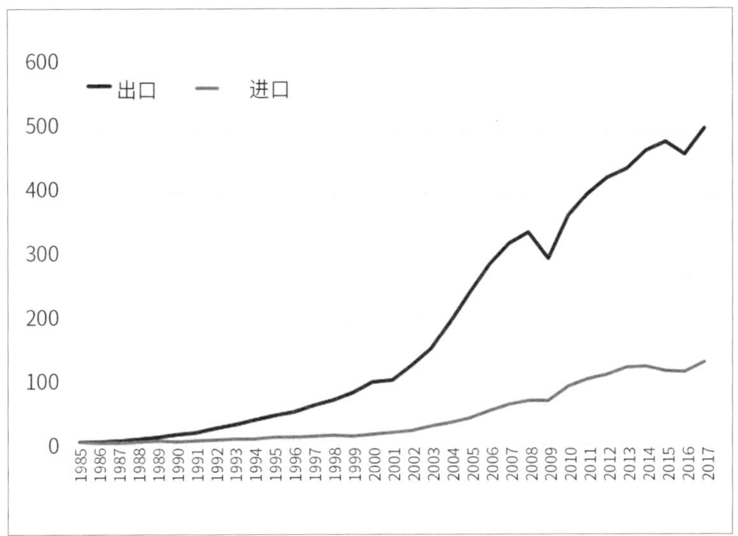

图 1-1：1985—2017 年中国对美国的贸易（单位：10 亿美元）

资料来源：国际货币基金组织数据。

有人谴责中国对美国巨大的贸易顺差，其实两国的贸易关系没有得到全面的评估。例如，相对于国民收入，波兰的对华贸易赤字要高得多，但波兰能够在对外贸易总额中实现平衡，在与其他国家的贸易中实现顺差。统计数据倾向于简化现实，有时候需要更全面的分析。确实，在双边贸易中，中国从波兰直接进口额要比波兰从中国进口的少 12 倍。但与此同时，德国对华出口大量汽车，其零部件是在波兰生产的。德国 1.4 万亿美元的巨额出口中有 6.4% 是对中国的出口，汽车是主要出口商品（2018 年德国对中国的运输设备出口额为 346.7 亿美元）。如果德国对中国汽车出口额的 10% 是由波兰汽车工业提供的，波兰对中国的间接出口也不少（34.67 亿美元，约占波兰 GDP 的 0.6%）。进行更全面的分析可以发现，与中国的贸易往来能给波兰带来更多的实惠，如创造更多的就业机会、提高人民收入水平以及增加预算收入。

美国无法实现对外贸易总体平衡，持续保持巨额贸易逆差。2017 年，美国对华贸易逆差达 3,750 亿美元，其全球贸易逆差为 5,660 亿美元。这煽动起来了针对中国和其他一些国家特别是邻国墨西哥的敌对言论，但这远远比不上 20 世纪 50 年代的麦卡锡反苏热潮。实际上，关于中国的危言耸听的言论在华盛顿特区很普遍。美国中央情报局局长迈克·蓬佩奥表示，中国对西方施加秘密影响的努力与俄罗斯的颠覆活动一样令人担忧。“想想这两个经济体的规模……与俄罗斯相比，中国执行这一任务的范围要更广。”（BBC，2018a）这番言论来自华盛顿最有影响力的政治家之一，即便不足以使人担忧，也令人深思。

当今的世界，人们正在绘制相互矛盾的图画。在第一幅画作中，帝国主义，即西方资本主义，应该被东方的“共产主义”所取代。这是一种独特的视角，还是一种极端的非理性？因为中国既没有共产主义，也没有试图主宰世界。在第二幅画作中，中国被认为能帮助世界解决经济与环境的诸多问题，因为中国具有长期和全面解决问题的能力，而不仅仅是自私地关注自身利益。把我们共享的全球比作艺术画廊，我们可以在墙上装饰更多不拘一格的画作。

价值观的差异、利益的冲突、模棱两可的境况、不明确的意图都会导致对同一类事实的解释大相径庭。德国总理安格拉·默克尔第四次被任命为德国总理时，没有任何批评之声，但当中国修改《宪法》中关于国家主席任期不得超过两届的条款时，却引发了不小的骚动。尽管如此，也有一些人对中国的修宪表示支持，他们认为此举将保障发展政策的连续性和长期性。当有越来越多的长期问题需要解决的时候，这一点至关重要。

值得强调的是，有时对任期的限制——频繁选举而且任期太短——往往会导致政策的短视性，显然会给社会经济的发展带来负面后果。这种短期主义显然不是中国政策的特点；恰恰相反，政治周期对经济的负面影响在中国并不存在，而这正是西方社会的典型特征。

在我们这个美丽的民主世界里，希腊、意大利、英国、法国、奥地利、荷兰、西班牙、德国，各种各样的公投或选举不断举行，而在中国，一切都很平静。在遥远的巴西，总统被弹劾；在距离中国更近的韩国，总统被废黜；在南非，总统被迫辞职，而在中国，一切都很平静。在北非和中东，阿拉伯之春造成巨大损失，而在中国，一切都很平静……甚至在所谓的制度成熟、经济发达的欧盟，时不时也有人被责备或被开除，而在中国却是安静的，至少相对平静。

70 年来，中国以其独特的经济政治体制发展成为许多国家关注的焦点。古典发展经济学并未能帮助很多落后国家脱贫，不管是从孟加拉国到塞内加尔、厄瓜多尔，还是从亚洲到非洲、拉丁美洲。对很多经济学家和政治家来说，中国模式已经得到了实践检验，值得进行深入的、批判性的研究，值得在本国进行创造性、有针对性的应用。中国是一个独特的国家，从 1978 年开始实行渐进式市场经济改革以来，经过仅仅两代人的努力，中国正在从低收入国家转变为高收入国家，估计中国在 2024 年可达到高收入国家的水平〔霍夫曼（Hoffman），2018〕。

高度发达国家与欠发达国家有几个根本区别，前者在资本禀赋、技术进步、教育能力、人力资本素质以及现代基础设施发展水平等方面都具有显著优势。在这些方面，中国都取得了巨大的进步。在某些方面，中国甚至领先于发达国家，尤其是在投资者的可支配资本和一些硬性基础设施方面。要知道，30 年前中国的高速公路还不到 600 千米，而现在已经增加到 100 倍，大约 6 万千米（2018 年底已达 14 万千米——译者注）。中国以前没有高速列车，而目前中国的高铁网络已有 2 万千米（2018 年底，中国高铁运营总里程已达 2.9 万千米——译者注)。从这个角度看，中国做得相当好，如果有落后的话，也只是略微落后。然而，与高度发达的西方国家相比，中国的软性基础设施仍显落后。

穷国之所以贫穷，主要是因为它们没有掌握管理经济和调节经济进程的技能。如果没有这些技能，就难以充分发挥市场的作用。单一的集市或市场也许能在缺乏完备管理机制的情况下顺利运行，但一国经济或在国民经济框架内运作的社会和国家，由于过于复杂而必须依靠制度才能平稳运作。任何见过在达卡或利马街头，或在尼日利亚和贝宁边界的充满活力和不知疲倦劳作的人，都认可他们的劳动和进取心，但在大量的人员和货物流动中，很难看到任何复杂形式的组织、管理、协调、监督、控制。当用一盒盒西红柿或电池换手电筒时，这些技能是足够的，但在现代高度复杂、动态的经济系统中，我们需要的是高级的行政管理和成熟的规章制度，这是贫穷国家所长期缺乏的。

市场经济制度的缺陷是造成经济状况不佳的主要原因之一〔阿赛莫格卢(Acemoglu)和罗宾森(Robinson)，2012〕。这里的制度是指行为的制度而不是指组织意义上的制度，或者是指行为的准则、经济的游戏规则，它们都被编为法律法规，根植于经实践形成的文化和习俗之中〔诺斯(North)，1990，2005；科勒德克(Kolodko)，2004〕。

在中央计划经济中，绝对不缺行政机构和管理，中国也不缺这些。然而，这些机构在性质上是集中和分层的，往往采取烦琐和过于官僚主义的形式。再加上国家社会主义偏爱包括军工在内的重工业，这有利于为扩张而调动资金和积累资本，但与之相伴的是生产资料高度优先，从而不利于消费资料的生产。难怪苏联这样的超级大国有能力组织生产核弹和征服太空，但却无法保障食物的持续供应。

中国确立了追赶发达国家的进程，缩小了与发达国家的差距，在消除制度差距方面也取得了巨大进展。这不仅是中国通过借鉴西方在市场经济中证明有效的制度、完善已有的行政和管理措施，也是通过自主地、创造性地设计有利于经济发展的体制机制来实现的。在中国的发展过程中，我们可以清楚地看到持续的改革创新在经济体制改革中的重要性。当然，要赶上富裕国家还有很多工作要做，与物质和人力资本积累、现代技术和硬性基础设施领域相比，在制度改进方面要做的工作更多。制度将是未来之战的主要内容。

就像在生物体的血液中可能会出现胆固醇过少或过多的情况一样，在社会经济中，对于生产和储备、分配和销售，储蓄和投资、银行和金融、企业和国家，都可能会有过少或者过多的机构。此外，就像胆固醇有好坏之分一样，机构也有好有坏。因此，并不是每一次制度变迁都能促进经济增长和均衡，有时正好相反。如果行政干预和监管不是为了积累资本和优化资本配置，而是为了帮助官僚化和腐败的国家机器，让臭名昭著的官员和政治精英去攫取经济活动的集体成果，那么这就像坏胆固醇。体内缺乏好胆固醇，或者坏胆固醇增多时，机体会受到影响。如果国家的监管职能薄弱，允许不道德的商人、声名狼藉的资本家掠夺别人的劳动成果，就会出现这种情况。

在当代中国，这种制度风险是非常高的，因为许多问题还没有得到最终解决。考虑到现在经济体制并不成熟，以及经济监管领域的诸多变化，在某些情况下会导致监管过度，而在另一些情况下又会导致监管不足。很难说这两种情况哪个对中国会构成更大的威胁，都应加以注意。

二、层层威胁

在我们这个时代，很多对世界形势的展望是不乐观的。但也有人持相当积极的看法，他们觉得前景光明，形势将持续好转〔雷德利（Ridely），2010；平克（Pinker），2018〕，但这些看法没有足够的影响力。也许悲观来自于持续的观察和公共媒体的描述，而乐观来自于对人类文明长期以来所取得成就的思考，而这些成就确实令人印象深刻。

事实上，人类的平均寿命比半个世纪前延长了整整 20 年：现在的 72 岁相当于 1960 年的 52 岁（让我们在这里强调一下中国的巨大贡献：人口平均寿命从 44 岁飙升到 76 岁）。因此，难怪我们地球上的人口（76 亿）是当时（30 亿）的 2.5 倍多。我们有更好的营养、衣物和设备，住在更舒适的房子里，我们更健康，接受更好的教育，我们彼此更了解，一些人在一年里看到的比他们祖先一生中看到的都要多。与 25 年前相比，极端贫困人口减少了 12.5 亿人（让我们再次强调中国的贡献）。2018 年世界核弹头数量比冷战高峰期减少了 85%。目前世界上 2/3 的人口生活在或多或少有些民主的国家里，而在两个世纪以前，这一数字不超过 1%。任何心智正常的人都不会否认，过去几代人已经取得了空前的进步，这种进步仍在继续。但这并不意味着问题减少了，或者局势更安全了，绝不是这样的。

伴随着政治紧张和军事风险，相当大的威胁正在积聚，特别是在朝鲜周围和中东地区。在中东地区，美国总统宣布美国驻以色列大使馆迁往耶路撒冷时，被激怒的不仅仅是生活在这个城市的巴勒斯坦人；美国还要退出伊朗核协议，而这协议是 2015 年中国、俄罗斯、英国、法国等联合国安理会常任理事国以及德国做出许多努力才达成的。特朗普把美国从具有历史意义的《巴黎气候协定》中拉了出来，而该协定意在保护人类免受全球变暖影响，世界上绝大部分国家都签署了该协定。围绕俄罗斯政策的争议仍在继续，尤其是有关其与乌克兰冲突的政策，这也加剧了欧洲东部的紧张局势。尽管 ISIS 在叙利亚和伊拉克已经灭亡，但距离打败恐怖主义还有很长的路要走，目前还看不到结束的迹象。当前，大约每 30 人中就有一人生活在其出生国以外，在某些地区，大规模移民所引发的社会问题并没有减弱，恰恰相反正在升级。在这种背景下，各种不同版本的新民族主义正在出现（《经济学人》，2016）。

在这不断变化的世界中，除了富人肆无忌惮的贪婪和冷漠，以及社会经济政策的行动力不足之外，收入和财富不平等的情况还在不断加剧〔科勒德克（Kolodko），1999a；皮凯蒂（Piketty），2014〕。要解释当前社会存在的巨大失衡，不能像现在这样不提经济政策的责任，而将其归咎于全球化或技术进步——实际上技术进步能让受过良好教育的员工获益，因为真正的罪魁祸首是新自由主义的意识形态和牺牲多数人而让少数人富起来的政策〔米拉诺维奇（Milanovic），2016〕。在 2017 年，全球相对贫穷的那一半人的财富根本没有增长，而全球新增财富的 82% 流向了位列财富排名前 1% 的富人（Oxfam，2018）。据估计，从 2015 年开始，全球最富有的 1% 的人拥有全球一半以上的财富（Oxfam，2017）。收入和财富的不平等继续加剧，这加大了已在燃烧的大火的火势，并推动了对收入分配的不满情绪在各国蔓延。

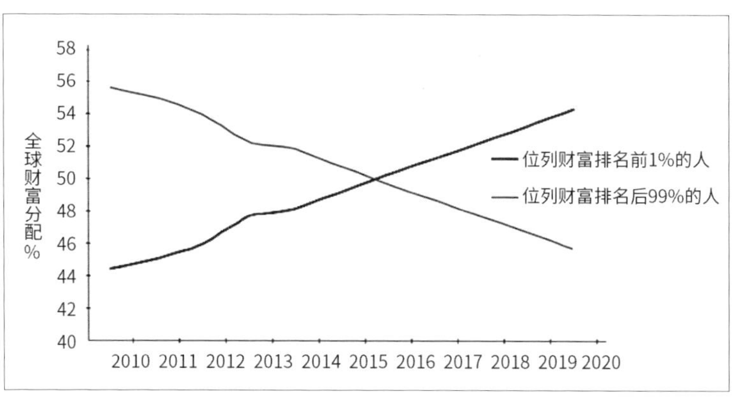

图 1-2：2010—2020 年全球财富分配，位列财富排名前 1% 与后 99% 的人

资料来源：Oxfam。

这很让人忧虑。一些人认为由于这些原因，世界已进入了二战结束后的最不安全的时期。末日时钟显示，2018年初距离人类千年文明消亡的时间比一年前少了 30 秒：离午夜还有 2 分钟（Bulletin，2018）。距离世界毁灭，所剩的时间是多么的短暂！末日时钟是 1947 年开始设立的，时间调整幅度由一群杰出的学者，尤其是物理学家，包括诺贝尔奖得主来决定。1991 年的状况最好，当时波兰发起的后社会主义转型正在加速，第一次冷战也将要结束，那时离午夜还有 17 分钟，而现在情况更糟糕了。

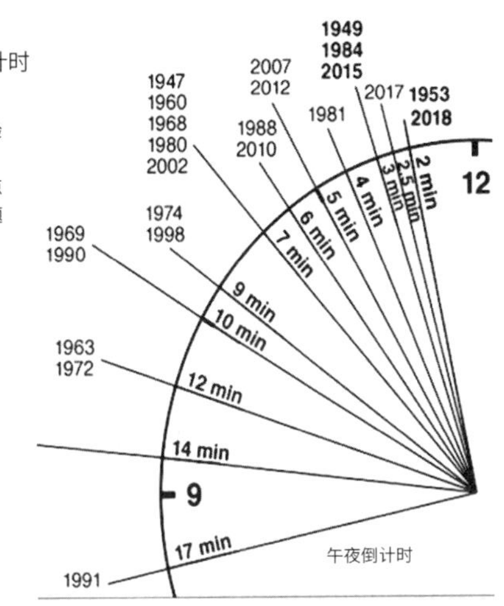

图 1-3：末日时钟：离午夜还有几分钟？

资料来源：《原子科学家公报》，2018 年 1 月。

当上一场冷战被扔进历史的垃圾箱时，一场新的冷战诞生了。这场战争主要发生在（但并非唯一）经济领域。更糟糕的是，冷战正在变成一场热战（到目前为止只是一场贸易战，希望它能保持这样），谨慎和默默的争执正在被公开的对抗所取代。这主要是因为西方担忧来自东方日益激烈的竞争，而且越来越多的时候，西方无法在公平竞争中胜出。这并不意味着东方是完美的骑士，总是在公平地竞争，远非如此。地缘政治学与地缘经济学是相互交织的。

“按照我们告诉你的去做，而不是按照我们做的去做”，这个口号最能说明美国正在加深的伪善程度和纯粹的自以为是。美国不断谈论自由贸易和自由经济，谈论技术转让和直接投资，却公开或在背后采取保护主义手段。唐纳德·特朗普把自由贸易理解为一种服务于美国的利益交换，而不需要关心外国合作伙伴的利益。在 2018 年 1 月的达沃斯世界经济论坛上，他试图重新诠释自己的口号“美国优先”，虽然他一直强调贸易应该是公平的，而以他所理解的方式，必须首先是对美国是有利的。不幸的是，他理解得不恰当，从长远来看，美国经济将为此付出高昂的代价〔菲尔普斯（Phelps），2018〕。

唐纳德·特朗普说“贸易战是有益的”（BBC，2018c），他还对钢铁进口征收 25% 的关税，对铝征收 10% 的关税。他威胁说，如果贸易伙伴对此采取保护主义措施，他还会对汽车征收高额关税。特朗普的这些言辞已经很危险了，除非我们把他的话视作无稽之谈，但我们不应该这么做，毕竟他是世界上最强大国家的领导人。美国进口的钢铁是出口的 4 倍。在美国的 110 个钢铁进口国家和地区中，巴西、加拿大、韩国、墨西哥和俄罗斯名列前茅。中国过去只排在第 11 位，但在 2018 年初的排名明显上升，成为特朗普的主要批评对象。对钢铁和铝加征关税时，他在推特上推广了一个粗鄙的观点：“当我们与某个国家的贸易额下降 1,000 亿美元时，他们就变得聪明，不再交易了——我们赚了大钱。这很简单。”[①]

说一些没有经过深思熟虑的话的确很容易，但打赢一场贸易战并不容易（如果这种可能性存在的话）。第二天他又草率地将另一个新想法发到网上——和自己这位白宫现任领导人相比，他的前任们有多愚蠢：“由于我们愚蠢的贸易协议和政策，美国每年有8,000亿美元的贸易赤字。我们的工作机会和财富给了那些多年来利用我们的国家。他们嘲笑我们的领导人是多么愚蠢。不会再这样了。”[②]

这不会让人感到意外，但或者实际上应该让人感到非常意外。一方面，作为对这些言论和行动的回应，欧盟和中国说它们不想和美国打贸易战，但如果其经济受到贸易战的影响，它们不会袖手旁观。另一方面，美国的计划被国际组织，如世界贸易组织、国际货币基金组织谴责，且国际货币基金组织进一步指出，看起来维护美国经济利益的贸易保护主义实际上会带来有害的结果。考虑到国际货币基金组织仍由美国影响和主导，这就更有趣了。这表明，在美国政府及其技术官僚内部，对这一问题的看法存在分歧。

---

① 摘自推特，@realDonaldTrump，11:50，02/03/2018.

② 摘自推特，@realDonaldTrump，09:43，03/03/2018.

三、科技与政治

关于支持科技进步以及投资可再生能源的必要性，人们争论不断。中国的三一重工集团，这家拥有尖端技术的民营企业，比任何一家美国企业都更可能先实现电网平价，因可再生能源的成本和传统化石燃料成本相同。而美国前任总统奥巴马却因受到国内各利益相关方的影响，阻止在西海岸的俄勒冈州实施风电场项目。据说，风电场离停泊海军舰艇的港口太近了。这样的情况已有 20 多年没有出现过了，上一次还是乔治·赫伯特·布什总统使用了类似的保护主义政策。毫无疑问，奥巴马总统这么做是其在 2012 年大选时的一种竞选姿态，因为他的竞争对手米特·罗姆尼公开呼吁对那些能够制造廉价产品的国家——尤其是中国——发动一场经济战争。这是典型的搬起石头砸自己的脚。风电场的设计和建造会由三一重工集团在美国的子公司完成。

就像对进口钢铁和铝征收保护主义关税一样，唐纳德·特朗普利用国家安全威胁论，阻止博通公司收购高通公司。事实上，这是因为美国怀疑新加坡电信博通公司得到了中国的支持，美国的目的是阻碍中国进入市场，尤其是阻碍另一家关键的参与者：华为技术有限公司。原因在于，博通公司以 1,400 亿美元收购美国领先的微芯片制造商，可能使中国处于全球 5G 技术发展的前沿。所以这跟安全无关，跟竞争有关。出于同样的原因，华为无法和美国电话电报公司达成协议，出售新款智能手机；同样，中国公司蚂蚁金服以 12 亿美元收购 Moneygram 汇款服务提供商的计划也未获批准（BBC，2018e）。

有一个重大的危害是，这种保护主义做法将使冷战进一步加剧。毫无疑问，除了来自政治周期特定阶段的压力（在选举前，一个人需要表现得强硬，不能让其他国家“破坏”市场）外，媒体也会故意煽动说有所谓不可阻挡的东方攻势。中国是最好的例子，因此中国最容易受到指责。这种情况在不断发生，有时超出了常识的范围，而在情绪占上风的地方就会缺乏理性的判断。

美国国会情报委员会建议，彻底切断华为和中兴通讯这两家中国大型电信公司进入美国经济的通道。这基于什么原因呢？安全威胁。委员会认为尽管这些都是私营企业，但它们肯定与中国政府和军方有一些隐蔽的联系。委员会的报告说，中国有手段、机会和动机出于“恶意的目的”利用这些电信公司。这就是为什么委员会建议美国政府和公共机构都不应使用华为和中兴的产品，而且禁止它们持股的任何公司进行任何收购和合并。毫无疑问，在美国的压力下，加拿大也对华为采取了一些限制性措施。然而，美国和其他来自西方的超级大国也同样有手段、机会和动机，出于“恶意的目的”利用电信公司。是否我们也以此为由，阻止戴尔、苹果或摩托罗拉？为什么不能效仿朝鲜的做法，屏蔽公众对谷歌、脸书或亚马逊的访问呢？

到底是怎么回事？中国企业真的威胁到美国的利益，甚至威胁到美国对世界和平的关注吗？也许我也应该把华为的移动设备与我的笔记本电脑断开，否则，在我的旅行中，中国人会偷走这本书的草稿，这本书会先于美国，在他们的国家出版。别多疑！我们应该有所警惕，但更应该保持理智。问题是，这两家大型的中国企业已成为全球领先的企业，而包括美国企业在内的许多其他企业处于落后的局面。华为在近 170 个国家开展业务，是全球第二大智能手机制造企业，中兴通讯是全球第四大路由器、交换机和其他电信设备制造商。在全球无线电话公司中，中兴通讯排名第四，华为排名第六。这可能并不受欢迎，但是，确实会继续这样下去，因为这是全球经济自由化和技术进步的规律。

可能有些人不喜欢，但事实是大力倡导经济自由带来了这样的结果：2012 年秋天，联想公司成为全球最大的个人电脑制造商，销量超过了美国的惠普公司。然而，如果我们遵循商业可靠性规则，我们都应该谦卑地接受这一理念并坚持公平竞争，除非经济自由化只是为当权者宣传服务的口号。这些规则不过是烟雾弹，目的是让富裕国家、投资者和企业继续肆无忌惮地攫取财富。当经济自由，尤其是自由贸易的规则并未使它们达到扩张的目的，反而使它们陷入困境时，这些首要基础和最高价值就变成了空洞的口号。

因此，在最先进的国家有法治是件好事，虽然并非处处如此，并非在所有情况下都是如此，但法治会一直存在，它不是特殊利益集团的规则。美国上诉法院推翻了韩国巨头三星在美国销售 Galaxy Nexus 智能手机的行政禁令。这类案件虽然没有动摇利益集团规则的影响，但让人感到欣慰。毕竟，这是人们想要的：经济自由、市场开放、自由贸易、公平竞争。如果一些中国企业在全球扩张中得到了政府的支持（与欧盟不同，中国没有放弃公共援助，因此许多中国企业得到了政府的支持），那么，与它们竞争还有更好的方式，而不是像其他国家那样，使用出于政治动机的命令和禁令。要达到这一目的，通常会进行双边谈判，如果谈判失败，还有 WTO 仲裁机制。然而，最重要的是，我们需要在生产质量方面具有竞争力。这是比单方面制裁更有效的竞争方法，因为单方面制裁既是一种反发展的保护主义的工具，也是引起报复行为的因素。

我们所能做的就是指望美国人及时重新考虑，希望中国人不要被激怒，美国过去赢得了对抗苏联的政治冷战，但它是否会在对中国的经济冷战中表现良好呢？毕竟中国拥有越来越多的达到最高技术和管理标准的跨国公司，并有超过 13.9 亿人支持，外汇储备价值超过 3.2 万亿美元。[①]

美国对中国高科技企业日益增强的竞争力和扩张势头的反应，可能会让某些人认为是过度敏感的表现。其实情况没那么糟，因为中国只有 18% 的高科技产品是用于出口的。中国科技公司的市值相当于美国科技公司市值的 32%。同样，该行业的资本支出相当于美国该行业的 30%。1/3 应该被认为是“仅仅”还是“多达”？我之所以这么说，是因为中国企业的相对地位正在快速提高。如果使用专门为比较这两大巨头而设计的衡量标准，据估计，中国高科技产业达到美国高科技产业的 42% 的水平，但它们正在迅速缩小这一差距，在 2012 年，这一比例仅为 15%（《经济学人》，2018c）。

我们不要自欺了。在全球化时代，世界各国都在全球影响力和国际地位等方面激烈角逐，政策和政治必然参与其中。如果说中国人使用间谍和信息技术窃取别人的想法，那么美国人，还有俄罗斯人、英国人、德国人、法国人、日本人、波兰人，只要他们知道怎么做，并且有资金的话（很明显这是要花钱的，但也会有回报），他们也会这么做。即使我们不赞成这种做法，我们也必须承认它们的存在。

① 外汇储备的结构和水平会随着时间而变化。中国外汇储备有 3.2 万亿美元，相当于 2018 年初的结余。2014 年 6 月达到近 4 万亿美元的峰值。

第二章

亚洲时代，中国领航？

Will China Save the World?

中国能否拯救世界？

一、亚洲中心的国家

中国是“中央之国”。如果说它并不位于整个世界的中心，那么它至少处于亚洲的中心。亚洲各国经济不断发展，社会成员受教育程度越来越高，亚洲在世界上的地位也变得愈发重要。我们的问题是：中国引领下的亚洲将会统领世界吗？一些人认为实际情况正是如此，即便亚洲的政治精英们不是有意为之，历史的进程也将会如此发展。有一种说法说西方的统治只剩 90 到 100 年了，东方将会取而代之，22 世纪的初期会见证这一切〔莫里斯（Morris），2010〕。对此，我们拭目以待。但有一些东西我们现在已经看到了……

亚洲的崛起不仅体现在中国的发展上，亚洲的人口数量和产值都在快速增长。亚洲人口总量约为 45 亿人，占全球总人口的 60% 左右。如果不包括中东，亚洲人口也占全球总人口的 55%，出于地缘政治的考量，这一部分人口常常被区别看待。[①] 亚洲对世界生产总值的贡献略大于47.3%，比美国和欧盟之和还要多8个百分点。未来一段时间，亚洲的人口和产值占全球的比重还将持续增长。值得注意的是，从大约一千年前直到1820年西方由于工业革命崛起为止，亚洲对世界生产总值的贡献率超过60%。到1950年，这一数字降到不足20%，但仅仅经过几十年的时间，这一数字就翻倍了。

200年前，在工业革命从英国萌芽并席卷西欧之前，在“中央之国”背离世界、闭关锁国之前，中国的产值占世界的比重曾达到1/3左右。后来，中国面临内忧外患，部分地区被英国和日本殖民，这一数字就急转直下，半个世纪前只有不到5%。难怪一些人写道，中国又回到“世界舞台”，因为它曾屹立在那里。

在这里请允许我插一个话题。我虽不遗余力地倡导避免使用类似“全球化的世界”这样同义反复的词，但收效甚微。这样的错误在日常用语和科学文献中是何等的根深蒂固！根据定义，世界本来就是全世界的，地球本来就是全球的，因此世界不可能是变成全世界的，而地球也不

---

① 中东人口约为4.5亿，因为这个地区还包括9,700万埃及人口和仅有120万人口的塞浦路斯。如果没有这两个国家，中东地区除去土耳其23,764平方千米的欧洲小片领土外，在亚洲的土地上约有3.5亿人。这一数字即为巴林、伊拉克、伊朗、以色列、约旦、科威特、黎巴嫩、阿曼、巴勒斯坦、卡塔尔、沙特阿拉伯、叙利亚、土耳其、阿拉伯联合酋长国和也门的人口总和。

可能是变得全球化的，因为它们本来就是加此。变得全球化的事物包括经济、贸易、资本流动、技术转移以及劳动力，尽管这些全球化的事物由于文化、社会和政治原因而有很大的局限，并且在经济领域之外，还出现了文化这样美好的事物和恐怖主义这样糟糕的事物。全球化是一个历史性的、自发的自由化进程，它伴随着一国经济和商品市场与世界其他国家的融合，长久以来单打独斗的各国经济体和各地商品市场均融合成了一个巨大的、互相关联的、错综复杂的环球资本/商品和劳动力网络〔科勒德克（Kolodko），2002，2002b〕。从微观上说，全球化也包括由各国的加工制造公司和分销公司构成的产业链和价值链，这些公司虽仍被视作某一个国家经济的组成部分，但却越来越多地从事跨国的经济活动。

亚洲大陆在文化、政治和经济方面是十分多元的。从地理的角度看，亚洲西至土耳其、以色列，东达日本、俄罗斯的西伯利亚（包括堪察加和楚科塔）。如果不算俄罗斯（虽然有大部分国土在亚洲，但俄罗斯是欧洲国家），亚洲主要有四个核心，即中国、日本、东盟（ASEAN）[①]

---

① 东盟，即东南亚国家联盟，包括文莱、菲律宾、印度尼西亚、柬埔寨、老挝、马来西亚、缅甸、新加坡、泰国和越南。这些国家共有6.5亿人（占全球人口的8.7%）并贡献世界生产总值的10.5%（按购买力平价计）。

和南亚区域合作联盟（SAARC）[1]。东盟国家里没有处于支配地位的经济体，而南亚区域合作联盟则以印度为首，印度人口众多（12.8亿）、经济规模大（按购买力平价计算，占全球生产总值的7.5%），军事力量也十分强大（军费占GDP的2.5%）。

世界上人口过亿的国家有13个，其中有7个在亚洲：中国、印度、印度尼西亚（2.61亿）、巴基斯坦（2.06亿）、孟加拉国（1.59亿）、日本（1.26亿）和菲律宾（1.05亿）。[2]这里也没算俄罗斯，该国总人口1.42亿，其中只有1/4的人口居住在位于亚洲的国土上。不久以后，越南也将加入到人口过亿的国家行列（2018年人口为9,700万）。值得一提的是，日本是这7个国家中唯一一个人口减少的国家：日本的人口每年都在减少，也在变老。日本人口年龄中位数已达到47.3岁，也就是有一半人的年龄大于这一数字。与此同时，印度（年龄中位数为27.9岁）和孟加拉国（年龄中位数为26.7岁）的人口却很年轻。这一比较十分重要，因为老龄化的社会已然失去人口红利，劳动力市场供给乏

---

① 南亚区域合作联盟的成员国包括阿富汗、孟加拉国、不丹、印度、尼泊尔、马尔代夫、巴基斯坦和斯里兰卡。这些国家的人口约17.7亿人（占全球人口近24%），生产总值大约占世界的13.7%（按购买力平价计）。

② 亚洲以外的人口过亿的国家——按人口规模排序：美国（3.27亿）、巴西（2.08亿）、尼日利亚（1.91亿）、俄罗斯（1.42亿）、墨西哥（1.25亿）和埃塞俄比亚（1.06亿）。埃及很快就将加入这一行列。

力。基于这一因素，在其他条件相同的情况下，未来印度的经济增速将会超过中国。

在 20 个对世界生产总值贡献超过 1% 的国家中，9 个来自亚洲：中国、印度、日本、印度尼西亚、土耳其、韩国、沙特阿拉伯、伊朗和泰国。因此，我们在思考亚洲的未来时应该知道，从人口、文化、政治地位等各个方面，特别是经济方面来看，亚洲几乎都称得上是世界上影响力最大的地区。

是否真的是西方已经非常糟糕、东方又如此美好，以致美国不得不诉诸不公平的保护主义来自保？中国真的正在筹谋利用全球化来控制世界？亚洲统领的时代真的即将到来，欧洲大西洋文明注定要被抛在身后？我们在学习英语之前，应该先学习汉语吗？我在北京师范大学讲课，为中国的智库提供咨询，在微博上注册账号，还在《中国经济周刊》开设《科勒德克观察》专栏，也许我对这个时代的机遇把握得比较好。

毫无疑问，在可预见的未来，中国的地位将愈发稳固，其经济、政治、军事实力乃至对世界的影响都会不断增长。这一过程无法阻止，用和平手段阻止不了，又不可能采用其他手段。无论自身的利益和主观意愿如何，每个人都必须承认这一点。更确定的是，中国不会再次背离世界、再次闭关锁国和陷入灾难性的专制统治之中。[①] 一个大国有其优势，但也有无可奈何之处。挪威、新西兰、加拿大、澳大利亚、智利、马来西亚、突尼斯、保加利亚……这些国家不必一心想着要拥有强大的国家实力，因为它们比较安全，没有这个必要。它们只要专注于为国民提供足够的社会福利就足够了。反之，中国、美国、俄罗斯以及规模稍小的印度、日本、法国、英国乃至区域大国巴西、尼日利亚则必须在经济、政治和军事方面都拥有相应的实力。和平主义取向是新加坡或哥斯达黎加这样的国家负担得起的奢侈品，但对于大国而言，有点复杂。

我们需要继续前行，想办法与别人达成共同的约定，在变化的世界里为自己找到合适的位置。目前，我们可以清楚地看到某些进程的发展与过去截然不同。一方面，中国一直是引进西方先进产业和技术的国家，现在也越来越多地将自己的生产放在国外，也拥有了先进的制造技术。另一方面，富裕国家的直接投资继续流向中国，但也流向工资水平比

① 6个世纪前，1426到1435年间在位的宣德皇帝结束了对印度洋、波斯湾、阿拉伯和红海北部盆地的探险。由郑和率领的舰队不仅在军事方面举足轻重，而且促进了贸易，具有重大的经济意义。实际上在位仅两年（1424—1425）的洪熙皇帝（宣德皇帝的父亲）已经实施了海禁，选择了闭关锁国，并选择退出对东南亚和非洲东部的扩张。除了个人喜好外，今天再不会有人迫使中国做出这种难以理解的事情。400年后，即2个世纪以前，中国再次闭关锁国，但那时情况已截然不同，那时的中国越来越被西方帝国主义所渗透。

中国更低的其他经济体。印度、巴基斯坦、越南、柬埔寨、孟加拉国和缅甸都是这一进程的受益者。这一进程又与人民币持续升值的影响相叠加。现在中国给工人的工资每月大概要3,000元人民币，按6.3的汇率折合为475美元；而十几年前相应工作的工资水平也就1,500元人民币，按当时8.2的汇率折合才183美元。随着制造业劳动力成本的增加（每年增加20%）及货币的升值，中国的竞争力已经有所下降。这与过去日本、新加坡、韩国以及后来的马来西亚、泰国等小型经济体所经历的相同。①

另外，即使在美国和西方其他高度发达的经济体，我们也可以发现其外包业务和离岸商业活动有所减少。当劳动力在给定产品的包括制造和销售等在内的总体成本中占比相对较小时，这种情况时有发生。有这样一个估算：2010年的16GB iPad在美国市场以499美元的价格出售，其中中国的劳动力成本仅占8美元，也就是1.6%〔克雷默（Kraemer）、林登（Linden）和杰森（Jason），2011〕，离岸的劳动力总成本也许更多，因为还有一项“无法识别”的劳动力成本，既不算作美国的劳动力成本，也不算作中

① 在世界的其他地区也可以看到类似的进程，东欧各经济体也是如此，其中先进的国家在最低工资方面愈发缺乏竞争力。例如，波兰2017年12月企业平均工资在1,450美元左右浮动（按照市场汇率计算），这体现出那时的货币剧烈升值。这些数据是基于拥有9名以上雇员的公司计算的，因此从整体经济来看，这一数字可能还要降低数百美元。

国的劳动力成本。在这种情况下，再迫于“停止向共产主义中国出口工作”的政治压力，制造商可能会得出这样的结论：即使为同样的劳动支付五倍的费用，也要完全在美国制造（这样就不必为外包和离岸商业活动作出解释了），这些产品的组装工作应该从“长三角”撤回到旧金山湾区。这样做，在经济上不会增加过多成本，在政治上又说得过去。

二、“一带一路”取代出口“革命”

中国这一次不是像以前那样尝试出口“革命”，而是出口商品，更重要的是出口资本。与其密切相关的，是中国不断增强的在世界各地的影响力。这不仅可以在国际统计数据中看到，而且当一个人在不同国家旅行时也可以用肉眼看到。然而，你不能立即看到却又对未来至关重要的，是众多基础设施建设项目的深远影响，不少对外项目投资是用签订为中国提供重要原材料的合同换来的。这在非洲和拉丁美洲尤其明显，在中亚、中东、东欧的规模相对较小，特别值得关注的是，在俄罗斯西伯利亚也很明显。未来，俄罗斯西伯利亚将发生巨变，中国的“一带一路”这项宏伟计划将在这里大显身手。“一带一路”是一项重大的基础设施投资项目，旨在促进中国与其西部、南部和北部伙伴间的贸易。该项目涵盖与亚洲、中东、北非、东非以及中东欧许多国家的合作。

什么是“一带一路”？如何理解“一带一路”？它是一项政策还是一个机构？我认为，最好以中国人自己的方式诠释它：它是一项倡议，或者说是一个项目。所有的项目背后总有两个关键词：“思想”和“利益”。“一带一路”也是如此，但这一次与毛主席想要“出口”的共产主义革命相反，这次“思想”不是主角。尽管一些人指责中国是在有计划地进行思想意识形态和政治扩张，但“一带一路”显然不是让别人遵循中国道路，或是输出中国的经济和政治模式，而是更加关注经济目标。虽然在“一带一路”沿线的一些地区，例如中亚国家（古丝绸之路在数百年前也曾在此留下痕迹），具有中国特色的政治制度似乎比西方的民主制度更具吸引力，但在中欧和东欧，几乎没有国家对此感兴趣。

中国的政治家和经济学家强调持续全球化的必要性，同时他们还强调要转变全球化进程的实质，因此“全球化转型”引发热议（胡必亮，2018）。全球化应该具有包容性，应确保在所有领域公平分配各国合作产生的成果：从经济、自然环境到安全、技术，再到科学、文化。在这一背景下，“一带一路”的重要性进一步凸显。这一倡议旨在将全球化由原先遭到很多国家反对的形式，转型为更包容、更普适的形式，比西方原来提供的全球化更能得到国际社会的普遍欢迎。因此，一些国家（特别是西方以外的国家）对此寄予厚望，而一些西方国家则表示忧虑。前者想知道这种“中国特色的全球化”能给它们带来什么，后者希望没有“一带一路”，其余的国家则兴致勃勃地关注着“一带一路”的发展前景……

第二个关键词：“利益”，更为重要。这是非常巨大的利益，因为这是规模非常庞大的项目。从“一带一路”的发展势头来看，即便是中国政府也难以准确估量其规模。据称“一带一路”沿线有 65 个国家，横跨亚洲、欧洲和非洲。这些国家人口占全球 60% 以上，国土面积占全球 38.5%，这些国家的对外贸易额占全球的 35%，国内生产总值占全球的 30%，家庭消费占全球的 24%。

中国官方强调的“一带一路”在以下 5 个方面创造了不容小觑的交流合作机会：

①通过规划，推动政策沟通；

②帮助沿线国家进行基础设施建设，推动设施联通；

③促进跨境投资项目和供应链合作，推动贸易畅通；

④加强货币政策协调和双边金融合作，推动资金融通；

⑤促进人文交流和合作，推动民心相通。

尽管“一带一路”里包含“路”字，但官方对这条道路的描述并不清晰。没有官方地图显示这条道路通过哪里，所以现有的地图算是随意选取的。当然，这条路应该经过“一带一路”所涵盖的国家。也有一个“一带一路”地图包括12个非洲港口，其中10个不在埃及，而埃及是“一带一路”沿线65个国家中唯一的非洲国家。到底这项倡议包括哪些国家？规则如何？

显然，是由中国决定包括哪些国家，但规则不甚清楚。这是一场引人入胜的地缘政治和地缘经济的比赛，其目标说得模糊。参赛者众多，表面上已经发牌，实际上规则可能还未全盘托出。无法确定比赛是否仅在桌面上进行，可能有些牌会在桌子底下打。参赛者期待着多大的回报，又冒了多大的风险呢？这一倡议有些含糊其辞，虽然满载着倡议人的承诺和诚意，却在包括欧亚大陆和其他地区的许多地方引起各种反应、怀疑和关注。经济目标仍很粗略，对建设什么、为什么建设、何时建设、由谁投资和如何管理等问题还很难形成清晰的意见。这种开放式游戏就是如此。

尽管如此，受邀参与的国家仍纷至沓来。它们认为在这个阶段加入该项目没有任何成本，未来也许会带来可观的经济效益，也不会影响声誉——尽管西方对中国的攻击愈发猛烈，但与中国合作却是无可厚非的。因此，很少有国家拒绝参与这个项目，即使是最近与中国关系不太好的国家，例如越南和菲律宾。需要强调的是，只有中国才能负担得起这样一个庞大的项目，能够独立宣布和发起这样的项目。

如果美国提出类似的项目，起一个诸如“伟大的美国”的名字，并覆盖从阿拉斯加延伸到火地岛的区域，那么该计划注定失败，因为肯定有几个加勒比和拉丁美洲国家（例如海地和委内瑞拉）不愿唯美国马首是瞻。如果欧盟提出如“欧非项目”这样的计划，若没有适当的事前协议，一些后殖民国家可能拒绝参加。只有中国才能提出这样一个项目，能够让巴基斯坦、波兰、俄罗斯、缅甸、孟加拉国、沙特阿拉伯、伊朗、尼泊尔等国家自愿地、无条件地加入。

在查看地图时，你可能会首先想到沿线国家的选取标准。“一带一路”沿线国家几乎包括所有亚洲国家，还涵盖了中东欧和埃及，毕竟如果没有苏伊士运河，还算什么“路”呢？之所以说“几乎所有”亚洲国家都参与这一项目，是由于政治原因，朝鲜半岛和日本不在其列。对于前者，朝鲜受到严厉制裁，而只与韩国签署协议是不妥的。对于后者，将日本纳入“一带一路”很可能需要谈判，遗憾的是，两国就此谈判的政治环境还不够成熟。地图的边缘还有点儿不全，一侧缺少芬兰和希腊等欧洲国家，而另一角缺少巴布亚新几内亚，它已属大洋洲。因此，鉴于某种政治正确，且为了易于呈现，“一带一路”穿过陆地和海洋，沿线国家包括东帝汶、巴林、马其顿、爱沙尼亚等，尽管有些国家既不是陆路通道，也不是海路通道。

中国一开始没有问谁是否愿意被纳入“一带一路”，可能只是根据地图把有必要的国家都列上，再去掉一些例外国家，“一带一路”沿线国家名单就这么形成了。不过，即便某些国家不在沿线国家名单上，也不意味着它们完全被“一带一路”排除在外。比如希腊，虽然它并不在名单内，但该国的比雷埃夫斯港的大部分股权被中国企业收购了。[①]

在拉丁美洲国家还没有被正式邀请参与“一带一路”的时候，中国将该地区称为此项目的“自然延伸”和“不可或缺的参与者”。中国这样说了，也这样做了，它在拉丁美洲投入越来越多的资金，并鼓励中国公司开拓那里的市场。与此形成鲜明对比的是，拉美国家的北方邻国美国的总统特朗普的言行不仅阻碍了拉美投资，还冒犯了墨西哥和萨尔瓦多人。就在特朗普以他一贯的风格在达沃斯世界经济论坛上发表言不由衷的讲话时，中国外交部长王毅

---

① 这又是一个悖论，据说是来自西方的压力，特别是所谓的三驾马车——欧洲委员会、欧洲中央银行和国际货币基金组织迫使希腊通过私有化国有资产来改善其财政状况〔科勒德克（Kolodko），2016〕，雅典政府不得不出售比雷埃夫斯港。投资方是中国远洋运输公司（COSCO）。

在拉丁美洲和加勒比国家共同体（CELAC）的33个成员国的会议上反对贸易保护主义，并向该地区提供互利共赢的"一带一路"项目（《经济学人》，2018b）。

事实上，目前还没有人确切知道中国打算为实施"一带一路"项目投资多少、在哪里投资、何时投资、如何投资。有传言说总投资额是4万亿美元，这一定使所有人颇为震撼，即使是非常富裕的国家例如法国和英国也会感到震撼，因为这一数字比它们的GDP还要高。难怪来自中国的货运列车通过现有的基础设施到达英法两国时（基础设施建设及互联互通是"一带一路"的主要内容），都受到了热烈的欢迎和祝贺。同样的事情也发生在波兰。2016年6月，中国国家主席习近平访问波兰期间，波兰总统安德烈·杜达和习近平共同在站台上迎接一辆来自中国的货运列车。难怪西欧的政客在2018年初访问北京（2018年1月是法国总统埃马纽埃尔·马克龙，1个月后是英国首相特蕾莎·梅）时谈论的更多是贸易和投资，而不是安全和国际关系。人人都想从这4万亿美元中分一杯羹……

在欠发达国家，中国在包括学校、医院等提升人力资本的基础设施上投入了大量资金。这类项目都使用软贷款，条件优惠，有时贷款可以被部分取消，成为补贴。在这一过程中，承包项目的通常是中国的大型建筑公司——难怪它们会成为重要的全球性企业。如果我们从这个角度仔细研究世界地缘政治地图，就很容易注意到：中国在西方失败的地方特别活跃。过去在殖民时代，西方剥削当地人，而不帮助他们；后来在新殖民时代，西方欺骗他们，而不与他们积极合作；现在在全球化时代，西方排斥他们，而不想办法协同发展。

奇怪的是，中国在苏联表现得不尽如人意的地区也十分活跃，而苏联的主体是俄罗斯。苏联解体带给哈萨克斯坦、吉尔吉斯斯坦、塔吉克斯坦、土库曼斯坦和乌兹别克斯坦巨大的失落感，这在政治、经济、文化和心态上都还有着长期的影响，部分地区的政治稳定和可持续发展还不能得到很好的保障。这一片地区是在苏联，特别是俄罗斯，以及亚洲和伊斯兰文明根深蒂固的影响下产生的一种独一无二的混合物。现在，中国和西方的影响也纷至沓来。这一方面是由于该地区在打击国际恐怖主义方面日益增长的重要性——国际恐怖主义的触角已经到达这些地区；另一方面是由于该地区有着极为丰富的能源资源。

这里应该强调的是，地理位置可能是一种优势，如被德国、法国、意大利和奥地利包围的瑞士，也可能是一种诅咒，如位于伊朗、土耳其和沙特阿拉伯之间的伊拉克。苏联解体后的中亚诸国在“一带一路”建设中占有重要地位，它们是成功利用这一优势，还是被人利用，取决于这些国家的政治手段和推行有利于社会经济发展战略的能力。如果一个国家处于中国、美国、欧盟和俄罗斯都要争相发挥影响的区域，它可能会一败涂地，也有可能尝到甜头。然而，要想立于不败之地，首先要做的就是避免与他国发生冲突，更不能惹到那些博弈的大国。

虽然中国的活动有助于扶贫，有利于促进社会经济发展，但中国也正因此而受到怀疑，甚至被指责为居心叵测、输出意识形态和政治腐败。即使如此，也改变不了“一带一路”能帮助欠发达经济体实现经济增长的事实。如果这的确对势力平衡构成了威胁，那么富裕的西方最好别再浪费时间批评中国扩张，而应该增加自己的对外援助，并对其能够影响的国际组织的运作方式和政策方向进行务实的重新定位。

如果中国在出口资本和货物的同时，也输出一些软性的基础设施建设方面的优秀技能，那么中国没有做错什么，恰恰相反，这些在管理科学视域下都是好的实践（Cieślik，2016）。在中国，如果没有适当的规则和管理，即使是最快的列车也无法行驶，拥有再多的受过良好教育的人员也不能自动确保社会经济的进步，显然，在落后于中国的经济体中，这就更不可能了。因此，这些国家可以，也应该向中国学习。现在知识和技能是一种特别有价值的“商品”。我故意使用引号，因为它实际上不是商品（用于市场交换的人类制造的产品），在这种情况下，知识和技能这种“商品”不能完全用金钱来衡量。

成千上万的留学生在中国获得奖学金，在中国的院校学习。我曾在北京的一所大学为 40 名奖学金获得者授课，他们均来自发展中国家，其中最发达的无非是土耳其和哈萨克斯坦。多数人都是“一带一路”沿线国家的公民，或者由于这些国家在非洲的位置受到中国的格外关注。一切都不是巧合。

中国还借助那些开展国际经济援助和提供专家咨询的国际组织（特别是世界银行、国际货币基金组织和亚洲开发银行），敦促发展中国家和欠发达国家针对现有问题，设计合适的制度和发展政策。中国无意触碰西方的势力，特别是在世界银行和国际货币基金组织中，但中国在国际组织中委派的专家越来越多，处处都能感受到“中国精神”。

经济援助之后是外交攻势。目前有 166 个国家的大使馆驻北京，中国政府在全球也拥有众多使馆。美国的使馆比中国的多一个（167 个）。然而一旦中华人民共和国统一了台湾（这是可预见的），中国将在世界上拥有最多的外交代表。目前，如果我们统计各国所有外交使团的数量而不仅只是使馆，那么中国有 268 个，美国有 273 个，俄罗斯有 242 个，法国有 266 个。

大约有 80 个国家将中国当作最大或第二大的贸易伙伴，难怪中国对世界经济能产生如此深远的影响。中国年出口总额为2.2万亿美元，其中最大的市场是美国（18.2%），其次是日本（6.1%）（中国大陆向香港的出口额为13.8%，暂不计入）、韩国（4.5%）和德国（略少于韩国）。中国年进口总额比出口总额约低4,250亿美元。在进口方面，排名第一的是韩国（10.0%），紧随其后的是日本（9.2%）、德国（5.4%）和澳大利亚（4.4%），美国对中国的出口低于澳大利亚。值得注意的是，中国多达1/5的进口商品来自日韩，但“一带一路”不经过韩国和日本。其中的一个原因是，它们在一定程度上是高度发达的国家，拥有先进的基础设施。

世界各国对中国经济的依赖体现在很多方面，不仅仅是出口和进口那么简单。在这方面的文献中，甚至有“中国依赖指数”这样的术语，这是一个反映135家在中国运营、从中国获利的公司的标准普尔500指数[①]变化的指数（《经济学人》，2012）。如果中国经济增长，股市价格就会上涨，反之亦然。在2009到2012年，即世界经济低迷的年代，“中国依赖指数”增长了近130%，而同期的标准普尔500指数增长仅略高于50%。换句话说，如果不是因为中国经济的持续繁荣，世界经济就会更不景气，包括发

① 标准普尔500指数是由标准普尔（S&P）管理的股票市场指数，其数值由500家市值最高的公司（主要是美国公司）的纽约证券交易所和纳斯达克市场价格决定。

达国家在内的许多国家的证券交易所也会受影响。因此，谁要是不希望中国好，就是不希望自己好。

三、没人愿意“硬着陆”

有些人不希望中国发展好的原因十分不理性：因为他们嫉妒，因为他们仇视“共产主义”，抑或因为他们愚蠢。他们不明白如果中国发展得不好，自己也会跟着遭殃。让我们看看如果中国经济失去增长动力或彻底崩溃将会发生什么。最近 10 年，中国经济的增长速度明显低于之前的 30 年，这既由于受到西方经济危机带来的停滞和衰退的影响，也有中国内部的原因。最近 10 年，中国 GDP 只出现过一次两位数的增长，在 2010 年达到 10.8%。

需要强调的是，虽然经济增速有所放缓，但中国仍然是世界上增长最快的国家之一，是全球经济增长的重要引擎。2015—2017 年世界生产总值分别增长了 3.3%、3.1% 和 3.5%，这主要归功于中国和印度，这三年中国 GDP 累计增长超过 22%（2015 年增长 6.9%，2016 年增长 6.8%，2017 年增长 6.9%），印度 GDP 累计增长 23.4%（三年分别达到 8.0%、7.1% 和 6.7%），当然也要归功于其他快速发展的经济体。近年来，世界生产总值增长的 3/4 归功于中国和印度（二者的经济增速是全球平均增长率的两倍以上）。虽然它们只是全球近 200 个国家中的两个，却拥有全球 36% 的人口。

首先是中国，然后是印度，两国近些年都出现了经济增长显著加速的过程，极大地改变了世界经济的格局。1980 年，这两个国家的 GDP 仅占全球的 5.4%，而在 2017 年已达到 25.7%，所占份额约是原来的 5 倍，这主要归功于中国。令人震惊的是，美国和欧盟在同一时间段内的份额从 51.9% 降至 31.8%，下降了 20 个百分点。这一

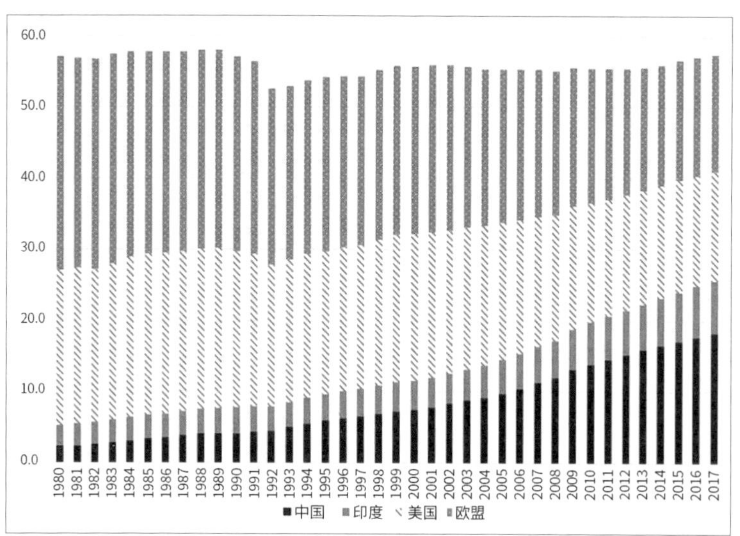

图 2-1：中国、印度、美国和欧盟在世界生产总值中所占的份额

来源：根据国际货币基金组织统计数字测算。

变化不容忽视，因为经济格局的巨大变化必然引发地缘政治的深远变化。

1992年，美国和欧盟的GDP在全球的份额急剧下降，这很奇怪，毕竟当时没有发生经济灾难，解体的是苏联，而不是美国或欧盟。在世界上高度发达的地区，这是一个政治上相对和平的时期，1992年是战后末日时钟距离午夜最远的一年。然而，很多国家的GDP在全球的份额却急速下降，美国下降1.5个百分点（从21.4%下降到19.9%），欧盟下降2.3个百分点（从27.1%下降到24.8%），这是为什么呢？实际上，并不是由于各国的GDP真的变化了这么大，而是由于购买力平价（PPP）下的GDP测算方法。

测算购买力平价涉及非常复杂的统计问题，因为需要比较一篮子具有代表性的商品和服务。不仅商品和服务的价格会发生变化，篮子里商品和服务的构成也需要时常调整。因此，所有国际组织，如世界银行和国际货币基金组织都会定期修正PPP。现在这个篮子里有iPhone X，但还未发布iPhone X的时候，篮子里就没有它。曾几何时，CD碟片也在这个篮子里，现在这项商品的价格可以用声田（Spotify）服务的价格代替。电价和房屋租金、食品、教育和医疗费用都会变化。所有这些都对购买力平价产生重大影响。

例如，一位飞往美国参加会议的中国教授可以用6,300元人民币兑换1,000美元（不计服务费），平均而言，他在美国用这些美金购买的商品在中国只需花费3,250元人民币。货币市场上1美元价值6.3元人民币，但它的平价购买力大约只有3.25元人民币。[①] 换句话说，如果一位美国教授获得1万美元，他在中国的确可以按市场价格兑换人民币6.3万元，但在美国，考虑到美国的价格水平和支出结构，他能买到的东西对于他的中国同事来说只值3.25万元人民币。中国更便宜，美国更贵，但贵多少、贱多少，取决于篮子中商品和服务的结构，因此从宏观经济的角度看各国GDP的变化非常大。

经过这一番调整之后，大西洋沿岸的经济超级大国们的GDP对全球的贡献在十年内基本是稳定的，然后开始下降，这个过程仍在继续，但我们须记住，在进行这样的比较时，我们依赖的指标不甚精确，更绝非完美。也是由于这一测算方法的商品篮子结构变化，导致2003—2005年间欧盟的GDP在全球所占比例从22.6%下降至21.5%。尽管欧盟2004年春季吸纳了8个后社会主义经济体，这8个经济体的GDP为全球贡献了近2%，但欧盟的份额

---

① 在波兰，情况是这样的：2018年初的市场汇率为1美元兑换3.4兹罗提，按照购买力平价计算为1.56兹罗提。换句话说，1,560兹罗提可以在波兰购买在美国花1,000美元买到的商品。

反而下跌了 1 个百分点。在同一期间，美国的份额也从 19.9% 降至 19.3%。使用这种统计方法，就会产生这种中东欧国家 2% 的贡献率被计算过程所抵消的状况，不能反映欧盟扩张的现实。[①]

近期，有人指出印度的增长率开始接近中国。有些人对此喜闻乐见，但不是因为印度加速，而是因为中国放缓。过去几年中，这两个国家的 GDP 增长率的确相近（约 7%）。但即便如此，印度作为一个人口接近中国的国家，GDP 对全球的贡献仍只有中国的一半左右。这是由于印度是一个贫穷的国家，人均年收入仅为 7,200 美元（按购买力平价计算），这一数字仅为中国的 43.4%。

中印产值的差异也体现在中国明显高于印度的生活水平。20 多年前，我们有两个人口众多的贫穷国家，现在只剩一个了。在 1981—2018 年间，印度的平均增长率并不低，为 6.4%，但中国则高达 9.5%。因此，印度实际 GDP（按固定价格）增长了 10 倍，而中国则增长了 32 倍。在这段时期，印度人口增加了约 87%，而中国只增加了 42%[②]。

---

① 英国脱欧给欧盟总 GDP 带来的影响比 2004 年欧盟接收第一轮后社会主义经济体的影响还要大一些，只不过方向完全相反。这是因为英国的 GDP 约为 2.9 万亿美元（按购买力平价计算），占世界总产值的 2.3%。

② 近年，印度人口增速约是中国的 3 倍，印度为 1.17%，中国为 0.41%。

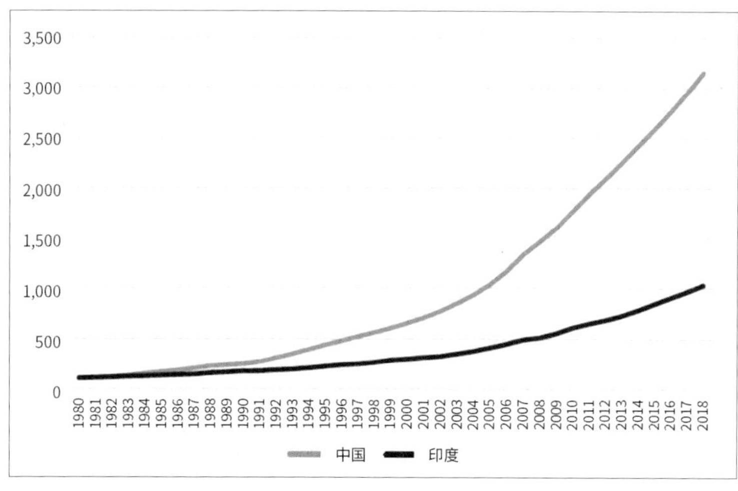

图 2-2：激增的中国和紧追不舍的印度：1980—2018 年中印国内收入增幅（GDP 1980=100）

来源：根据国际货币基金组织统计数字测算，2018 年的数字为作者估测得出。

令人惊讶的是，如果我们对 2018 年以后几年的情况进行预估，可以发现中国在短短 40 年间其实际人均收入提高了约 20 倍！这是在技术进步的时代，自由市场经济与国家计划经济系统结合取得的惊人成绩。印度选择了不同的道路，这也是它比中国贫穷的原因，虽然印度在整个 80 年代仍比中国略富一些，或者说，没有中国那么穷。

结果，这一时期印度和中国以购买力平价衡量的人均 GDP 分别增长了近 5 倍和 22 倍。和这些成绩做个对照，我们能清楚地看出俄罗斯的政治转型和融入全球经济的尝试完全是一场灾难（若称之为失败简直是小瞧了它）。更别提情况更糟的乌克兰了，乌克兰在地域和地缘政治上地

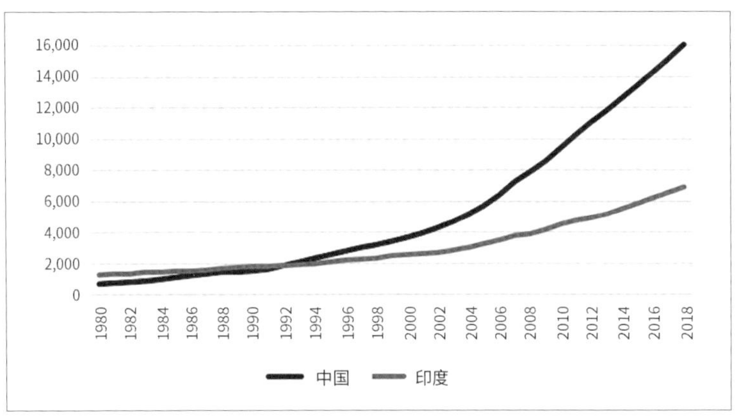

图 2-3：激增的中国和紧追不舍的印度：两国人均收入增幅（依购买力平价计算，2011 年）

来源：根据国际货币基金组织统计数字测算。

位重要，但在全球经济版图上已经不太重要。即使是在中东欧乃至全球都称得上是成功的波兰也相形见绌。1989 年，后社会主义欧洲国家转型加速，从那时起，中国的国内生产总值每年增长速度超过世界经济增长速度的三倍，而波兰则慢得多。

因此，波兰在过去 30 年中占全球经济的份额呈下降趋势。虽然与诸邻国相比，波兰的情况看起来很乐观，但若是与远方的中国相比，波兰就没那么风光了。

在发展经济学中，有一个流行的术语叫“硬着陆”，与之相对的是“软着陆”。“软着陆”是指产值增长水平从高向低缓慢下滑；“硬着陆”则意味着增长率突然下降，就像飞机在飞行着陆时，以令人不快的陡峭角度下坠然后

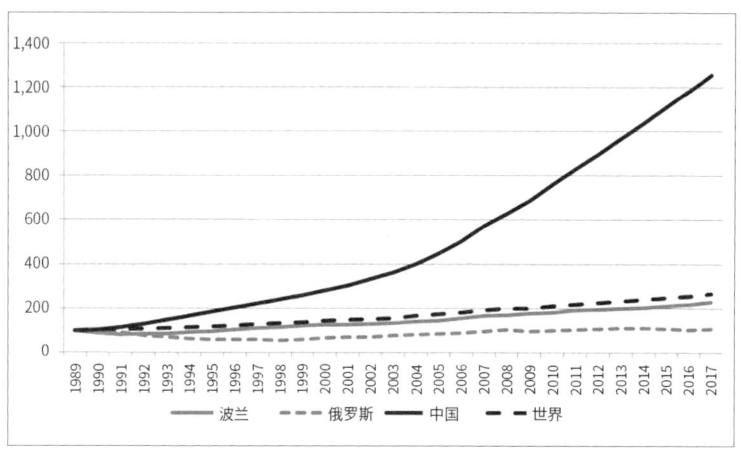

图 2-4：激增的中国和紧追不舍的波兰以及全球经济危机下垫底的俄罗斯（GDP 1989=100）

来源：根据国际货币基金组织统计数字测算。

撞向坚硬的地面，把乘客甩了出去。对于经济增长而言，这并不一定意味着触底达到零增长，而是与之前的水平相比呈断崖式下降。在上一次经济危机期间，也就是2010年之后的几年，许多西方国家经历了“硬着陆”的冲击。这场灾难首先影响了美国，然后席卷西班牙、希腊、爱尔兰和葡萄牙以及整个欧元区，欧元区经济从2010年2.0%的GDP增长水平衰退至2012年的–0.4%。

十多年来，我们不断听到有关中国经济即将“硬着陆”的传言。然而，实际情况让人惊讶：从2001到2010年，中国GDP增长连续十年超过国际货币基金组织每年春季峰会的预测——这不是一个孤例，其他人的预测也是错误的。巴西、俄罗斯、印度和中国四大新兴市场经济体 2008 年的国内生产总值比美国投行高盛（Goldman Sachs）5 年前的预测高出 75%，当时高盛首次使用了“金砖四国”（BRIC）一词（O’Neill，2012），这个词由四个国名的首字母组成，从此以后便广为流传。[①] 这种错误的估计明显小看了中国增长的动力，也忽视了另一个亚洲巨人——印度。

本文所述的“硬着陆”和“软着陆”的概念并不是由计算决定的，更不是物理上的概念，而是约定俗成的。波兰经济在短短两年时间内从 2007 年第一季度 7.4% 的高增长率锐减至 2009 年第一季度 0.8% 的微小增长，你可以说这是经济“硬着陆”。经济增速下降了 6.6 个百分点，除了用“硬着陆”，还有其他合适的词来描述这一现象吗？但波兰政府仍可以宣称本国是一座“绿岛”，因为波兰是全球经济危机中欧盟唯一一个没有经历衰退的国家。

也有学者对中国经济进行模拟，假设经济“软着陆”意味着中国投资增长率下降 2 个百分点，经济“硬着陆”意味着下降 3.9 个百分点〔阿华加（Ahuja）、查克（Chalk）、

---

① 后来，代表南非的首字母“S”被加入到“金砖四国”（BRIC）的称呼中，构成“金砖五国”（BRICS）。除去地缘经济和政治因素（吸纳非洲国家是个不错的点子），首字母才是南非位列其中的决定性因素。比如“N”代表的尼日利亚虽然比南非经济规模大，但作者认为这并不合适。加入印尼或巴基斯坦也不合适，“BRICS”听起来比“BRICN”、“BRICJ”或者“BRICP”舒服多了……

纳巴尔（Nabar）、恩迪亚耶（N' Diaye）和波特尔（Porter），2012〕。如果2012年出现经济“软着陆”，国际货币基金组织预测中国3.6%的GDP增长率将下降到2.3%；如果出现经济“硬着陆”，GDP增速将会下降至1.2%，降幅是“软着陆”时的三倍。储蓄和投资比GDP的变动幅度更大，是因为储蓄和投资往往被用来缓冲消费水平的剧烈变化。如果这一假设的情况确实发生，对贸易也会有明显影响。在中国的主要贸易伙伴当中，对韩国的影响最大，对日本和澳大利亚的影响会稍微小一些，对巴西和德国的影响会更小，但仍不容小觑。

中国的资本市场也不是没有问题，但哪个国家没有问题呢？中国资本市场的监管力度和水平不断提升，但这是“市场”而不是国有企业，所以资本市场更关注投资者的情绪，尤其是国内投资者，尽管外企的数量也在不断增长。如果发生严重的股市风险，政府为防止股价暴跌并保持经济运行，会说服和鼓励国内资本入场投资。这没有坏处，有时甚至有所裨益。尽管中国市场在精细程度上仍不能和西方强大的经济体相媲美，但它正变得越来越有效和成熟，成为资本的主要来源，从而为经济增长提供资金。

与3年前相比，目前中国上市公司的股价更能反映这些公司的实际状况和竞争力。创业板市盈率，直接关系到高科技公司每股股票市场价格，相当于中国的纳斯达克指数，在 2018 年初（2 月 9 日暴跌 10% 之后）达到 42，比 2015 年金融市场崩盘前的 150 更接近内在价值。沪深 300 指数的平均市盈率为 14，与美国最受关注的标准普尔 500 指数平均 25 的市盈率相比显得相当不错。

中国经济快速增长的另一个 10 年即将结束，中国并没有经历“硬着陆”，中国经济继续以 10 年内[①]收入几乎翻倍的速度增长。因此，一个重要的问题出现了：中国经济真的会“硬着陆”吗？如果发生了，会有什么后果？世界其他地区，尤其是亚洲、欧洲和美洲的发达地区，应该期待什么？是让中国经济继续保持高速增长、继续促进其他国家经济发展，还是考虑到中国的经济繁荣威胁到其他国家的主导地位，让中国放慢脚步？中国持续性的经济增长会让全球经济更平衡，还是使之失衡？

答案很明确：中国保持尽量高的经济增长率对中国和世界其他国家都有利。当然，要满足几个条件，特别是要用更加环保的方式发展经济，同时缩小收入差距。这将有助于改善中国数亿人的生活条件，促进世界其他地区的经济增长。需要指出的是，中国在中欧和东欧每多投资 10 亿美元，就能明显提高波兰就业率，增加乌克兰人民收入和捷克共和国企业的利润。

① 复利的力量意味着连续 10 年 7.2% 的年平均增长率足以使任何给定的价值翻倍。

中国经济“硬着陆”的可能性不能完全排除，大量问题和挑战是存在的。从短期来看，其中一个主要问题是早期过度投资导致的产能过剩〔小林（Kobayashi），2017〕，冶金行业和一些为建筑业提供物料的行业尤其如此。中国生产了过多的水泥和钢铁，如果现有的产能得到充分利用（经济保持两位数增长率时就是如此），那么中国可以生产更多相关商品。问题的关键是国内需求不足，出口过剩产品也不容易，因为那些无法与中国竞争的国家会加以阻挠。

中国对外国的直接投资快速增加，外国的观察者有时候认为这不仅是经济扩张，也是政治扩张，或者更可怕，是帝国主义卷土重来，而这次是帝国主义的中国版本。事实上，最近这七年，当西方正在努力应对自己造成的危机而使对外直接投资下降时，中国大大增加了对其他国家的投资。到目前为止，中国还没有在中亚地区进行大量投资，在中欧和东欧地区的投资更少，却在非洲有大量投资。2011—2017年间，中国在非洲投资额约达2,800亿美元，其中交通运输约占30%，能源部门占比也接近这一比例，其次是与金属有关的产业。有三个投资原因，我们已经知道了第一个原因：通过将水泥和钢材加工成用于非洲基础设施的钢筋混凝土来输出部分国内剩余产能。第二个原因是建设交通基础设施（公路、铁路和海路），用于运输越来越多的在非洲开采的原材料，这些是保持中国经济运行所必需的。空中航线也包括在内，因为中非人员流动会越来越频繁。还有第三个原因：到目前为止，由于非洲国家贫穷，富人少，因此非洲从中国进口的产品相对较少。然而，这一局面将会改变。试想一下，如果在21世纪中叶，有1/10的非洲人口达到富裕水平，假设达到当今美国中产阶级的水平，这对中国而言是一个比欧洲中产阶级更大的市场。中国深知这一点，这也是其在非洲大量投资，并在这个过程中帮助非洲发展的原因。

不难猜测美国对此心怀不满。遗憾的是，美国在非洲大陆的经济利益非常有限，援助承诺也少得可怜。但这并没有阻止美国国务卿雷克斯·蒂勒森在访问多个中非国家时批评中国过多干涉非洲事务，指责中国“助长非洲经济的依赖性，利用腐败交易，破坏……自然资源”（BBC，2018d）。而蒂勒森在访问之际代表美国仅拨款5亿美元用于非洲的额外援助，这与中国在此投入的数百亿美元形成鲜明对比，特别是几周前特朗普总统还将贫穷的非洲国家称为垃圾国家〔沃特金斯（Watkins）和菲利普（Phillip），2018〕，美国对中国的指责在这些事实面前显得苍白无力。

从长远来看，中国面临的最严重的挑战是人口老龄化带来的经济和社会后果。半个世纪以前，在国家养老体系中每1个中国人的养老金由5个工作者提供，而目前由3

人提供。预计到 2035 年，中国在职职工与退休人员的抚养比可能达到 2 : 1。想象一下：一个近 15 亿人口的大国，每 2 个工作的人就必须要负责 1 个退休的老人……

还有一个问题需要考虑，性别歧视导致现在中国男女比例总体上已达到 106 : 100。由于中国男性平均寿命只有 73.6 岁，比女性平均寿命 78 岁少 4 年多，那么在 65 岁以上的人群中，每 100 名女性才对应 92 名男性，这对老年人来说完全不是问题，因为人们不太可能在这个年龄寻找配偶。但在人口金字塔的另一端，在生命开始的地方，每 100 个女孩要对应多达 114 个男孩。在 15 至 24 岁年龄段的男孩追求女孩时，假设所有人都希望结婚并组建家庭，并且没有女士保持单身，那么就有 14 个男人找不到妻子。这一问题将持续很长时间，不利于社会和谐，谁知道缺少未婚妻人选的状况会对社会产生多大影响呢？

第三章

人口与货物：在变化的世界里

Will China Save the World?

中国能否拯救世界？

一、人口爆炸与人口赤字

联合国预计，中国最早会在2026年迎来人口数量的顶峰，此后中国人口数量将逐步下降，而世界其他地方的人口将迅速增长，包括那些现在人口就已经很稠密的国家。例如印度预计会在2060年迎来超过16亿的人口峰值，美国和尼日利亚人口也将快速增长。尼日利亚巨大的人口潜力尤其令人惊奇，我们甚至怀疑联合国对2100年人口前景预测的准确性：尼日利亚的人口数量将高达8.5亿，而中国的人口“只有”10.5亿，两国人口规模之间的差距将从目前的11.9亿缩小到2亿。

可以说，21世纪人口增长最快的地方不是亚洲而是非洲。尼日利亚是最生动的例子，因为其人口比非洲大陆的其他国家都多。2018年，这个非洲最大经济体（按照购买力平价测算的GDP总量约1.2万亿美元）的人口约为1.91亿，增长率非常高，2017年为2.62%（中国仅增长

0.46%）。[1]

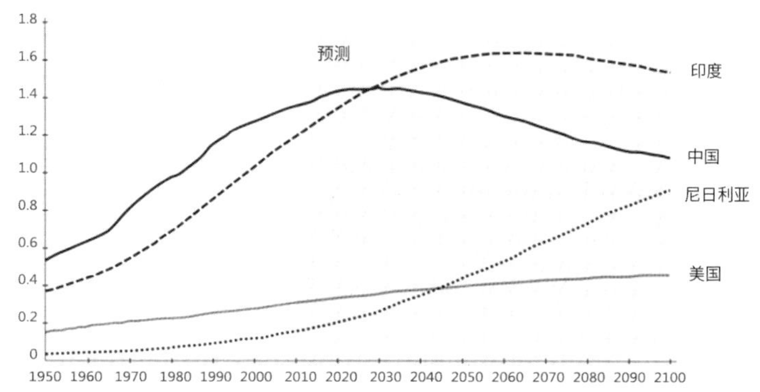

图 3-1：1950—2100 年中国、印度、尼日利亚和美国的人口（单位：10 亿）

资料来源：联合国数据。

有必要从人口统计的角度来认识我们生活的世界：并非所有人都生来平等。尼日利亚近 2 亿人口组成的是一个非常年轻的社会，比中国年轻了整整一代人，因为尼日利亚人口的年龄中位数为 18.4 岁，仅为中国人口年龄中位数的一半。换句话说，在 100 名被统计的尼日利亚人中有近一半人不到 18 岁，而在 100 名中国人中有一半人超过 37 岁。

总之，虽然现在数量庞大的中国人口占人类总人口的 18.6%，但我们应该正确地看待它。中国的人口增长缓慢，

① 相比之下，波兰 2018 年人口比 2017 年增长了 0.01%，欧盟增长率为 0.20%。美国为 0.62%，全球为 1.11%。

随着时间的推移还会下降，而世界其他地方的人口则快速增长（有些过快）。现在，亚洲的人口是非洲的近 3 倍，而在 100 年后，这种差异将完全消失；两个大洲都将拥有近 50 亿人。而 50 亿这个数字相当于 1987 年世界人口的总量……

据估计，到 21 世纪中叶，中国人口将占世界人口的 14.3%，而到 2100 年，仅占超过 110 亿的世界人口的 9.3%。仅仅在一个世纪的时间内，中国人口占全球的份额将从 1/5 下降到 1/10，而这会导致全球格局发生重大变化。在讨论中国在快速和急剧变化的世界中的地位和远景时，应该考虑到这一点。

表 3-1：2015—2100 年世界人口（单位：百万）

	2015	2030	2050	2100
非洲	1,186	1,679	2,478	4,387
亚洲	4,393	4,923	5,267	4,889
大洋洲	39	47	57	71
欧洲	738	734	707	646
拉丁美洲与加勒比海地区	634	721	784	721
北美洲	358	396	433	500
世界	7,349	8,501	9,725	11,213

资料来源：联合国数据。

几乎所有的预测都存在错误的风险。人口统计预测也是如此，尽管我们在这方面有比较多的基础数据。我们知道出生率和死亡率，知道有多少人住在哪里，并且了解在现有情况下的平均预期寿命。我们也知道有多少人在迁移——不仅从农村到城市，还有跨越国界的。但是从过去的经验来看，还是会存在很多不确定性。例如，平均每名印度妇女生育的孩子数量比 50 年前少了近两个半；从总生育率看，1967 年和 2017 年分别为 5.75 和 2.4。[①] 半个世纪以前，平均每名墨西哥妇女生育的孩子数量与生育率最高的尼日尔妇女生的一样多，高达6.81，而现在只有2.24，这只是个略高于维持人口水平所需的数值。

需要补充的是，维持一个社会的较合理的人口（在不存在人口迁移的情况下）需要大约 2.2 的总出生率，在高度发达的国家需要 2.05，在相对落后的国家则需要更多。这就是所谓的生育替代率。我们不知道这些比例在非洲，特别是撒哈拉以南地区是什么情况。我们只能在存在巨大不确定性的情况下进行预测。

另一个重要的不确定性来自这样一个事实，即每项人口统计预测都假设移民平衡：有多少人将离开出生国，就会有多少人将会移民到那个国家。这是联合国人口预测采

① 相比之下，波兰的总生育率在过去的半个世纪中也下降了，从 1967 年平均每名妇女生育 2.33 个孩子减少到 2017 年的 1.35 个。

用的方式，也是亚洲和非洲人口预测的方式。我毫不怀疑联合国的计算中会存在错误，但我没有任何更好的计算方式可以规避这种错误。

上述预测在很大程度上是基于对趋势的推断，是基于我们对经济、社会和地缘政治的知识所做出的一些合理的假设，按照过去和现在的情况推断未来。但历史和未来未必是相似的。非洲可能无法承受 22 世纪初近 50 亿人口的负担，甚至在 21 世纪中期它是否能够承受 25 亿人口的负担都值得怀疑。如果像联合国预测的那样，确实有很多人出生在非洲，他们也不会一直待在非洲，而是会离开这个地方。他们中很少有人会去亚洲，所以他们对中国克服人口危机不会有太大的帮助。有些人将前往南美洲，尽管距离很远。而更多的人将去哪里？还会去哪儿？去欧洲。欧洲没那么远，很富裕，已经出现了人口短缺。一定不要盲目相信那些荒谬的估计，即已经人口过剩的非洲与人口稀少的欧洲的人口比例将从现在的 5∶3（分别为 12.16 亿人和 7.43 亿人）变为 2050 年的 7∶2 并且在 2100 年达到 7∶1。这是无稽之谈。

数百万人会离开非洲，他们将主要去欧洲，也许有人希望使他们中的许多人也迁移到美洲。因此，开放、宽容和文化多元主义应该得到鼓励，并使其免受日益增长的新民族主义浪潮的侵蚀。如此看来，德国“对移民者的欢迎文化”和在2016—2017年接收来自非洲和亚洲的120多万难民和移民的成就，也就不算什么了。

除非非洲经历与中国、墨西哥和许多其他国家相似的重要转折，即通过计划生育去抑制出生人数过多的趋势。说起来简单做起来难，但许多不同文化的国家已经证明了这种可能性。它既需要调整相关的国家人口政策，也需要彻底改变相关的思想。生育思想受宗教的影响很大，而非洲的两大主要宗教是约占非洲大陆45%人口的基督教（其中一半是天主教徒）和约占38%人口的伊斯兰教。如果不彻底改变现有的生育政策，非洲的人口问题可能无法以和平方式解决，可能会造成灾难性后果，产生的不仅仅是社会问题，影响的也不仅仅是非洲。

我们需要阻止人口疯狂增长。全球每周有超过150万的新生人口，超过爱沙尼亚或巴林的人口，也超过冰岛、马耳他和卢森堡人口的总和。今天，在我撰稿时，就新增了226,030人口——出生的人数为385,844人，死亡人数为159,814人。[①] 如果世界没有意识到这些情况，从长期看就是不可持续的。

而目前中国还存在其他的人口问题，由于计划生育政策的严格执行，老龄化进程加快。2010年，年龄在20—

---

① 根据世界计量统计（Worldometers statistics）数据，可在 http://www.worldometers.info/ world-population/# 获得。

24 岁之间的年轻人是 1.2 亿人；而 2050 年预计只有 5,300 万人，15 岁以下少年儿童人口将下降 5.5%，而年龄超过 65 岁的中国老年人口将增加 17.4%。到 21 世纪中叶，中国的年龄中位数将比现在高 11 岁，达到 48.7 岁，高于现在日本的年龄中位数（47.3 岁）。像这样老龄化的国家是否还有可能“征服”世界？

经济上如何实现平衡？社会方面如何调整？政治上如何协调？延长退休年龄虽然绝对有必要，但并不能解决问题。人们可能会认为，自动化将成为人口问题的解药，但到目前为止，即使像日本这样技术先进的国家也没有实现，或者更准确地说，自动化的应用规模远小于早年间过于乐观的估计，但技术爱好者还是认为未来会发生重大改变。

事实上，20 世纪 90 年代人们对机器自动化的预期很快就被证明是过于乐观了，而中国是这一进程中的重要角色。中国作为巨型工厂进入世界经济，为全球提供的大量廉价劳动力极大地降低了生产成本。这也导致机器自动化的推动力减弱，因为对它们的投资收益不太大。现在，再次感谢中国，情况正在逆转。没有了大量廉价劳动力，必须加大对技术进步的投资来寻找替代方案。25 年前，大批中国人遏制了机器人化的进程，而在接下来的 25 年里，又要用大批机器人来缓解人力的短缺。因此，面临劳动力日益短缺问题的中国已经成为制造业和服务业数字化以及开发人工智能项目的全球领导者。同样，对于中国人在这件事上起带头作用，一些人感到高兴，而另一些人则担心中国的扩张。现在这些人不仅要担心中国人，还要担心中国制造的智能机器人。

然而，经济、社会、国家向外来劳动力开放是不可避免的，特别是向那些由于人口红利导致劳动力供给过剩的国家开放。这样就出现了巨大的文化壁垒和产生冲突的威胁，程度之深可参照美国，而欧洲对入境难民和经济移民问题的处理也很失败。

这在其他地区也是一个相当大的问题，文化障碍随处可见，但面对移民带来的经济红利，这些障碍都被克服了。对劳动者的需求是切实存在的，例如俄罗斯接受了1,200 万主要以工作为目的的外来移民，他们大多来自其他后苏联国家，尤其是来自乌克兰。这些移民将大部分存款寄回家，这是对祖国的巨大财政支持，尤其是对中亚各国而言。如果没有来自俄罗斯的大量汇款，吉尔吉斯斯坦和塔吉克斯坦等国家就无法为其账户赤字和预算提供充足资金。

对中国来说，俄罗斯模式并不适用。尽管中国海外侨民群体相当庞大，但通常他们在居住国的经济状况不错，不会想着要回到他们上几代人曾居住的祖国。解决方案也不是像富裕的中东国家那样，对外来劳动力实行伪经济开放。在一些波斯湾国家，劳动移民甚至占了人口的大多数。极端的例子如卡塔尔，高达 90% 的劳动力来自国外，主要来自南亚。虽然没有人强迫他们来，但他们还是来了，且工作条件和雇佣条款跟奴隶的差不多。即使这有些夸大其词，这种模式也不应该被效仿。应该给予那些远道而来的员工更多的关怀，那些工作年龄人口比重过低的国家只能如此。中国正逐渐成为这样的国家。

在接下来的几十年中，中国将经历巨大的人口结构变化，比过去十多年的变化还要大。中国本是一个人口迅速增长的国家，以后将变为一个人口减少的国家。在大多数情况下，特别是在城市里，直到 2015 年，一对夫妻还只允许生一个孩子。虽然已经取消独生子女政策，社会也变得富裕起来，但人们经常听到年轻父母，特别是来自中国中产阶层的人说，他们养不起第二个孩子，更不用提第三个了。正如有的经济学家所说的那样，在一个家庭中，第二辆汽车有时比第二个孩子更重要。很重要的一点是，越来越多受过良好教育的女性有不断增强的职业发展意愿，比起有两个甚至多个孩子，她们更渴望有良好的职业生涯。过去，国家知道如何让父母只生育一个后代，现在却无法强迫他们至少生两个。这种社会和人口的综合征已经为中国未来的经济发展蒙上了一层阴影。

为了说明特定社会的人口状况，我们通常使用“抚养比”，其值是需要经济供养的人（非工作年龄的人）与工作年龄人口的比率。需要供养的人包括尚未达到工作年龄的儿童和年轻人以及超过退休年龄的人。在波兰的统计系统中，0—17 岁年龄段被视为“工作前”年龄，而女性 60 岁之后和男性 65 岁后则为“退休”年龄。在有的国家，工作年龄是从 15 岁到 64 岁，因此 14 岁以下被视为工作前，65 岁后被视为退休。中国的抚养比是 37.6%，印度是 52.2%。看上去情况似乎并不太糟，但事实恰好相反。这是因为中国的低抚养比率是由相对较低的少儿抚养比 24.3% 和相对较高的老年抚养比 13.3% 贡献的。与之相比，印度的少儿抚养比和老年抚养比分别为 43.6% 和 8.6%。

如果人口可以像商品一样在国家之间流通，那么问题就很容易解决了。将剩余劳动人口从本国转移到劳动人口短缺的经济体就可以了。然而有多少劳动人口在自己的国家找不到工作？尤其是在南亚和东南亚这些对劳动力需求低于市场供应的国家。他们又是否能在国外找到工作？这些都是引人关注的问题。

韩国、新加坡，以及中国的香港、澳门和台湾已经经历了最严重的劳动力短缺，紧随其后的是中国大陆、日本和泰国。为了在 2030 年将这些国家和地区的抚养比保持在 2016 年的水平（请注意，现有的抚养比已经很高），需要有超过 20% 的劳动力来自外国。蒙古、越南以及文莱、马来西亚、斯里兰卡的问题没那么严重，但也要有 10% 左右的劳动力来自国外。这些劳动力来自哪里呢？来自那些同样应该移民的国家，它们也要在 2030 年将抚养比维持在 2016 年的水平。从这个角度来看，老挝、尼泊尔以及紧随其后的孟加拉国、巴基斯坦、不丹，劳动人口盈余超过 20%；在菲律宾、印度、印度尼西亚、柬埔寨和缅甸，劳动人口盈余从百分之几到百分之十几不等。这种不平衡预示着亚洲人口大迁移，以及其强度和迁移方向。

然而，人口不是商品，不能像香蕉或电脑那样被包装运输。我们也不能任其自然发展，因为那样很快就会出现人口大迁移，剩余劳动人口会迅速从人口过剩和贫穷的国家撤离，转移到工人日益短缺的更富裕的国家。从维持当前抚养比所需的额外工作年龄人口数量，我们可以很容易地推断出未来的紧张局势和数千万人口大规模迁移的大致方向。而且我们知道，包括中国在内的许多国家现有的人口抚养比仍处于不太令人满意的水平。

当然，就像对所有的预测一样，我们对那些人口统计预测应该采取适当的怀疑态度。也许事情会比现在看起来好一些，但也可能会变得更糟。还好我们知道它取决于什么，它取决于社会和经济政策，以及教育和抚养的情况，我们可以支持有利的变革方向并防止出现令人担心的情况。技术进步可能会带来许多惊喜，或许在某种程度上会减轻劳动人口的短缺，甚至还能够增加劳动人口的盈余，而劳动人口盈余已经是个令人困扰的问题。事实上，虽然扫地机器人 Roomba 可以减轻（只是部分地）日本国内员工的短缺程度，但在巴基斯坦，它可以让一些工人直接失业。

一时间，世界的人口仿佛太多又仿佛太少。这不是悖论，它只是一种人口的不平衡。对于那些人口过剩或人口不足的国家，它们所需要面对的问题不尽相同，有的国家人口红利高，而有些国家则没有人口红利。在全球化经济中，这种不平衡超越了国家层面，这也是为什么人口问题必须在超国家层面解决。这已经不再是能够脱离世界、独自发展的时代。

二、多久，多快？

国有企业效率低下的问题在中国越来越突出；供给和需求之间的不匹配正变得明显，特别是在过热的房地产市场上；许多公司负债过重，流动性不足，甚至已经或将要破产。出现这些问题并不令人意外，我们有时间妥善处理，只需根据现实需要进行相应分析和理论思考。可以运用适当的经济政策来应对这些问题，例如通过进一步下放管理权、变革财政体制和持续放松劳动力市场管制等方式解决日益严重的问题（黄育川，2017）。在西方，我们经常听到“太少而且太迟”这样的说法，在中国，增长动力不足的问题即使尚未发生也行将到来。

中国经历了几年，甚至是十几年的快速增长，增速是全球平均增速的两倍多，是富裕国家平均增速的三倍。对于整个世界而言，2015 年至 2017 年增速的平均值为 3.3%，而中国则为 6.7%。有些人认为中国的繁荣会持续几十年，但在我看来，这是一种误解。除了特殊年份，中国不会再回到两位数的增长率，尽管如此，中国也能够迅速增加国民收入，而且最重要的是能够提高人们的生活水平。但这种增长能持续多长时间？又能达到什么程度呢？

这是一个更广泛的问题，因为其他经济体也在快速发展。多年来，人们讨论“亚洲经济奇迹”（世界银行，1993），看到了新加坡和中国香港骄人的增长率，中国台湾地区以及其他国家和地区，如印度尼西亚、韩国、泰国和马来西亚也取得了显著的成绩。后来，人口众多的越南和印度也走上了稳健的增长轨道。在和平的环境下，在可预见的将来，发展进程将会全面展开。假设这些国家不会因犯战略性错误而导致经济增长停滞，那么，亚洲增长奇迹将维持多久?

无论是在亚洲背景下，还是在经济增长理论和政策中，合理的问题都不是问“多长时间”，或者经济能持续快速增长“多少年”，而是问最终能够达到怎样的水平?换句话说，我们应该问，经济增长的动力在哪些方面被弱化了?如果我们知道这些问题的答案，就能够进一步预测各国还有多少年可以继续增加收入。

根据一些学者〔艾肯格林（Eichengreen），帕克（Park）和申（Shin），2011〕的观点，对过去经验的比较分析表明，按照购买力平价测算的人均 GDP 达到 16,740 美元左右是一个门槛，超过这个收入门槛，经济增长的步伐就会放缓。这个值是根据 2005 年的固定价格测算的。固定价格有利于我们对时间序列进行比较分析，讨论未来具有不同结构特征的经济变量。为方便起见，我们假设目前人均 GDP（按购买力平价计算）的门槛大约为 2 万美元。在 229 个有可比较的统计数据[①]的国家和地区中，有 88 个经济体达到这一水平。阿根廷、伊朗、墨西哥和黎巴嫩都是处于这一收入水平边缘的国家，人均收入大约为 2 万美元（按购买力平价计算）。

---

① “世界经济概况”是比较经济和人口数据的良好来源，也是宗教和语言、地理和军事、电信和运输方面的精选信息。它由美国中央情报局（CIA）在线发布。似乎情报机构有时可以为我们所有人提供良好的服务。

撇开那些人均 GDP 低于 1 万美元（按购买力平价计算）的贫困经济体，我们的研究重点将放在那些从 1957 年开始 7 年平均增长率不低于 3.5% 然后增速迅速下降的国家。对于这一群体，在达到 16,740 美元门槛前的 7 年中，其 GDP 增长率平均为 5.6%。这一比率在接下来 7 年下降到了 2.1%。这是一个巨大的差异，以 5.6% 的增长率，在不到 13 年的时间内就可以实现收入翻一番，而在增速为 2.1% 的情况下，实现收入翻番需要 33 年之久。而且，对于前一个指数，只需要一代人就能使收入增加 4 倍，而后者则需要三代人去完成。

韩国在 1997 年人均 GDP 达到了 16,740 美元的门槛，在此之前 7 年的人均 GDP 平均增长 5.8%，之后 7 年平均增速仅为 2.5%。澳大利亚达到门槛值比韩国早了二十多年的时间，在 1969 年“分水岭年”之前的 7 年，人均 GDP 平均增长 3.9%，之后平均增长 1.6%。日本在 1968 年之前的 7 年里，人均 GDP 平均增长 8.7%，之后 7 年平均增长 5.0%。西班牙在 1990 年之前的 7 年里，人均 GDP 平均增长 3.8%，之后平均增长 1.6%。奥地利在 1974 年之前的 7 年里，人均 GDP 平均增长 4.9%，之后增速放缓至 2.2%。

也有一些例外。对于美国而言，在人均 GDP 达到 17,000 美元的门槛之后，仍经历了持续的快速增长。这是因为创新和科技进步是经济扩张的强大动力，美国当时而且至今在科技创新方面都有很强的实力。英国达到这个门槛后，恰好国内推进经济结构的自由化改革，这进一步释放了经济增长的潜力，延缓了增速的下降。在日本，经济繁荣持续了更长的时间，快速增长过程一直持续到 20 世纪 90 年代初，这主要是由于技术进步和出口扩张的成功配合。中国香港和新加坡也能够在快速增长的轨道上停留更长时间，主要得益于对外经济交往和贸易自由化。

需要指出的是，所有作为欧盟成员国的后社会主义国家，人均 GDP 已超过 2 万美元（按购买力平价计算）。保加利亚和罗马尼亚是相对贫穷的国家，人均 GDP 分别为 2.2 万美元和 2.4 万美元；在富裕的斯洛文尼亚和捷克共和国，人均 GDP 分别为 3.4 万美元和 3.5 万美元。波兰 2018 年的人均 GDP 接近 3 万美元。然而，一些政治评论员、政治家和经济学家不合理地坚称，这些国家仍然有陷入中等收入陷阱的危险。如果这些国家在十多年前已经超过这个水平，怎么还会陷入这样的陷阱呢？

超过 2 万美元这个门槛，GDP 增长率可能会下降到低于 2%，但事实真是这样吗？它必须如此吗？完全不是。这一点在美国、日本和英国等经济大国以及中小型经济体上得到了证实，它们并未落入所谓的中等收入陷阱。在一些国家，当旧的经济增长促进因素逐渐消失时，经济政策会引发新的增长促进因素，形成更大的储蓄倾向、更高的资本积累以及更有效的资本配置。有利的环境和运气等因素可能有所帮助，但真正重要的是战略、政策及微观经济层面的管理进步。

中国现在已经达到了中等收入水平，而且中国还将不停超越，继续攀升。早在 2013 年，中国就在“十二五”规划中确定了增长路径，提出相应的经济政策工具和制度变革方案，旨在推动经济平稳较快发展、避免陷入中等收入陷阱。事实证明，只要中国的发展规划得以妥善落实，就能有效推动经济增长。

为什么经济增长势头会在人均 GDP 达到 1.7 万至 2 万美元时停滞？什么机制会带走多达两个百分点的增长率？这个下降幅度是很大的，对于许多国家而言，这意味着增长率将下降 50%。重要的是，社会心理学表明，如果只有 2% 的年收入增长率，社会大众可能意识不到增长，至少在尚未富起来的国家是这样的。

导致经济增长率下滑的两个主要因素是城乡二元经济结构的变化以及技术引进的有利影响逐渐减弱。在较低的发展水平上，工作效率提高的一个重要推动力来自劳动力的快速流动，从农业（以低效率劳动为特征）到工业，直至今日的高技术服务业。曾经在计划经济体制下的社会主义国家和一些第三世界国家经济的快速增长在很大程度上源自这种快速的工业化和随之而来的城市化。当农民成为工人时，增长率会上升。当一个农村女孩成为女裁缝时，经济增长也会加速。一旦达到饱和状态，该过程就会减弱并最终完全停止。波兰、韩国已经历了此过程，而在其他国家，如秘鲁或巴基斯坦，这一过程仍在继续。这就是为什么我们期望后者或与它们相似的经济体比前者有更高的增长率。

当然，这要求宏观经济生产过程不被特殊情况打断。事实上，在一个国家由农业大国转型成工业大国的过程中，经济增速是很快的，我们可用巴西和尼日利亚的例子跟爱沙尼亚和马来西亚做个比较。在 2015 年至 2017 年间，巴西 GDP 下滑了 6.6%，尼日利亚 GDP 增长 1.9%，而爱沙尼亚和马来西亚 GDP 分别增长 8.0% 和 15.8%。然而世事变化迅速且无常，复杂的商业活动也遵从世界发展的客观情况，更快或更慢的产量增长总是取决于环境变化的关键节点。巴西经济衰退的一个重要原因是政治危机。石油价格走低则使得过度依赖石油出口的尼日利亚经济受损。与此同时，在爱沙尼亚和马来西亚，经济的快速增长源于有利于经济增长的自由市场经济体制、审慎的宏观经济政策和得到有效促进的技术进步。虽然一些国家有人口从农村迁移到城市的城市化过程，但其他因素阻碍了经济增长，而对于爱沙尼亚和马来西亚而言，人口迁移已成为过去，其他关键性因素开始发挥作用。

在较高的经济发展水平上减缓增长势头的另一个因素是从国外获取技术的进程放缓或被中断。如果世界上已经存在轮子，你不需要再去发明，而应该去引入、学习、应用。当今社会重要的技术不再是轮子，而是机械工程、电子、数字化、纳米技术、电信、生物技术和其他许多高科技生产领域的各个方面，更重要的还有服务。一个经济体自身的发展水平越高，引进国外技术带来的相对影响就越小。换句话说，如果A国和B国具有相同的网络发展水平，那么它们就无法通过相互引进对方的网络技术去获得收益。然而，如果C国落后，那么这项技术的转让可能会提高其增长率。当C国达到A国和B国的水平时，之前加速其经济增长的因素将会消失，此时三个国家的发展机会是一样的。观察那些直到最近都在快速发展并因此缩小了技术差距的国家，可以清晰地看到这个机制的运作方式。然而，它们也可能会因此关闭加速经济增长的其他渠道。在欧洲，我们可以在斯洛文尼亚和捷克共和国观察到这种现象，匈牙利和波兰则更明显，但多年来白俄罗斯或塞尔维亚却没有发生这种情况。在亚洲，韩国、新加坡、中国和斯里兰卡都曾受益于这一机制，但菲律宾或尼泊尔则还要等很久。

在此过程中，也出现了许多误解，主要是关于模仿型经济和创新型经济增长模型的决定因素和前景。创新型经济的支持者声称，模仿无法转化成为创新，这也是一个国家陷入中等收入陷阱的原因。而实际情况却不是这样的。很多经济体都善于使用别国的创新，将其他国家的技术、组织和营销理念进行本地化应用，实现了本国经济的连年增长。特别是从微观经济角度来看，在公司层面，有时复制别人经过验证的解决方案往往比自主创新更有效，模仿别人的策略往往比自己制定策略更有效。这并不意味着更多的创新无助于推动经济发展，只是说，创新确实不是一个必要的属性。如果能够通过巧妙地模仿别人已经发明和使用的技术来提高竞争力，那么没有创新也能做出成就。

目前，正在出现的第三种机制，使得那些不再贫穷的国家的经济增长放缓了。这就是：收入越高，特别是世界上高收入的人越多，继续增加收入的难度就越大，因为经济增长率会下降。半个世纪前，当全球人口刚刚超过 30 亿时，将增长率保持在相对较高的水平显得更容易；如果人口超过 80 亿，保持这一增长率将更加困难。特别是人们消耗了越来越多的原材料，而原材料是有限的，其中一些原材料将越来越难以获得并且更加昂贵。技术的进步也不能用其他半成品完全取代这些原材料，即使可以，额外开销也会很大。如果较少的人攀登 2 万美元收入水平的山峰，那么有可能很快到达顶峰。如果越来越多的人在 4 万美元收入的山峰上前进，那么他们的进步会慢一些。当有一天有更多人攀登 6 万美元收入的高峰时，难度会非常大。更高的高度只留给少数的有精心准备的攀登者。

中国 2018 年人均 GDP（以购买力平价计算）大约为 1.75 万美元，接近全球平均收入水平。如果中国保持目前的经济增长率，到 2031 年人均 GDP 将达到 3.5 万美元，国内生产总值将翻一番。这是前社会主义国家中最富裕的捷克共和国目前所达到的水平。但是有必要指出，捷克人口为 1,070 万，而 2031 年中国人口将达到 14.15 亿。中国会一直保持目前的经济增长率吗？接下来会发生什么？一旦中国人均 GDP 接近全球平均发展水平的两倍，它是否能继续快速前进？

其实，我们不应该欺骗自己，认为即便人均 GDP（按购买力平价计算）超过 2 万美元，中国经济也不会放缓。当然，中国经济不会“硬着陆”。要实现这一目标，必须妥善控制宏观经济运行过程。中国经济学家和政界人士都意识到了这一点并正在做出积极努力，主要是通过抑制投资热潮来避免经济过热以及将需求从外部转移到国内，也就是以相对更快的消费增长取代出口。

这种转变增长战略的政策正在缓慢但稳步地产生效果。这就是为什么我们不应该担心中国 2010 年下半年的 GDP 增长速度比上半年慢得多的情况，因为这其实是个好消息。实际上，动力和平衡都很重要。数量很重要，但最重要的还是质量，特别是在社会的基本消费需求已经得到满足的情况下。如果对自然环境造成的损害很小，那么稍微缓慢的经济增长也是值得赞誉的。

在此背景下，考虑到环境对经济增长的约束，以及地球不可再生资源的枯竭，我们有必要使经济增速放缓。随着社会越来越富裕，增长率放缓应该受到欢迎，这是个好消息。如果经济增速放缓，那么这实际上是在为新兴经济体未来的可持续发展留下充分的空间。这不仅对中国，而且对大多数国家都适用。

三、东方在哪里，西方在哪里？

我想我们可以用一个更好的指南针。用这个指南针不仅能看到地理方位，还要能看到地缘政治以及文化因素。因为没有这样的指南针，所以到今天我们还不完全清楚西方在哪里，东方又在哪里，欧洲和亚洲以哪里为界。当我在格鲁吉亚的阿扎尔地区访问时被问及此事，有人指给我看该地区与土耳其接壤的边境，并告诉我：这里是欧洲，亚洲在另一边。而当我在土耳其东部的安纳托利亚旅行时，问及欧洲从哪里开始，我看到了同一条边界，然后被告知：这边是欧洲，另一边是亚洲。是的，对某些人来说格鲁吉亚属于欧洲。对有些国家来说，土耳其属于亚洲。简单地说，最容易解决此类困境的方法是简要陈述：所有这些土地都位于欧亚大陆。

世界由于历史环境原因形成的划分使我着迷，包括在西方的中东地区，那里是我们文明的摇篮。伊拉克、阿拉伯半岛以及埃及的一部分都是西方，而东方，典型的东方位于西方的东边〔莫里斯（Morris），2010〕。这是非常原始的角度，毕竟西方是从地中海文化演化而来的，如果不是因为早期从孟菲斯延伸至尼罗河的新月沃土（在埃及、美索不达米亚的南部以及伊拉克等地）的古代文明，西方根本不会出现。然而，摩擦或冲突发生在今日和往昔的复杂的交会处，使得人们对方位的认知发生了变化。例如，虽然我的祖国波兰丝毫未动，但我出生时那里是东方，而现在变成了西方。日本在哪里？日本在东方，从地图上看，它一直都在那里；又或许是在西方——归功于明治维新和随之而来的对外开放，日本在一个半世纪前就部分地加入了西方，又被美国在战后占领并胁迫而完全地加入了西方。日本加入西方是出于自愿吗？东方正成为比西方更有吸引力的合作伙伴，那么接下来呢，日本是否会再次回到东方？日本当然是属于亚洲，如果我们把它和亚洲其他新兴经济体放在一起，亚洲的力量会更大。就像即使波兰时不时与邻国白俄罗斯发生分歧，也没有改变它们都是欧洲国家的事实，日本企图和中国在东海争夺钓鱼岛列岛（更准确地说是水下自然资源、捕捞水域和附近的航运路线的使用权），这一争夺也并没有改变这两个世界经济大国都是亚洲国家的事实。

欧洲－大西洋体系（不包含日本、澳大利亚和新西兰在内），因为傲慢和所谓的优越感，它们认为亚洲的一些内部冲突只要不过多地升级，可能会对西方有利。正如谚语所说："鹬蚌相争，渔翁得利。"请注意，亚洲国家之间还有很多边界问题。第二次世界大战以及后来的几次区域冲突形成的伤口和殖民时期遗留的伤痕都会对双边和多边政治关系产生影响，这反映在外交关系和文化交流中。

我们可以看到，在陷入困境的埃及比在韩国更容易找到中国旅行团，去中东旅游的日本人比去中国旅行的人多。西方应该感到高兴的是，中国游客的足迹更多的是向西，而不是向东。其实，东西方都有很多美丽有趣的地方值得去旅行。然而，中国人到西方的出境游增长尤为迅速。

2017 年，约 1.25 亿中国人出国旅游，相当于墨西哥、法国和意大利人口的总和。总的来说，中国游客的海外消费已经达到所有其他国家游客在国外旅游总消费的 1/4。从 2011 到 2016 年，在短短的五年时间里，中国游客的海外消费从 730 亿美元增长到 2,610 亿美元，增长了 2.5 倍多。总部位于香港的投资银行里昂证券估计，到 2021 年中国游客的海外消费将达 4,290 亿美元〔马修（Mathew），2017〕。按照这一趋势，到 2022 年，他们的开支将超过 5,000 亿美元。

20 世纪 70 年代，美国和西欧（东欧当时没有大量的游客）的很多人抱怨日本旅游团一到景点就拍照，然后又迅速离开。喜欢宁静生活的人会说，没有什么比这样一大群人突然闯进来是更大的灾难了。现在，大众旅游是中国人的天下，他们的人数是日本人的十倍。生活宁静是好事，但有人购物也是好事，因为这会让生意更兴隆。一个中国人游览美国的平均消费是6,000美元[①]，比一个在亚洲旅游的美国人的消费要多。美国人也意识到了这一点，他们也在积极地从东方招揽越来越多的客人。东欧也是如此。

特别重要的是，领土争端和政治纷争蔓延到经济领域，反之亦然。出现争端时，看上去只会偶尔出现过激行为，但民众受一时的情绪波动驱使（可能也受到政府的影响），事情往往会失控。2012 年夏天，针对在华日本企业的一系列示威活动导致几家组装日本汽车的工厂暂时关

① 根据波兰中央统计局（Polish Central Statistical Office）的数据，在访问波兰的外国游客中，中国人消费最多。2017 年，每位中国游客在波兰的支出超过 7,800 波兰兹罗提（约合 2,200 美元）。这相当于一个两人家庭整整一个月的消费。

闭，日本汽车在中国的销量大幅下滑。如果西欧和北美的公司因销售额增长而感到满意，那么这只是一种短暂的喜悦。从欧洲－大西洋体系以及太平洋地区的利益看，需要一个和平稳定的亚洲体系，包括要处理好在加工领域的竞争，要进行在海陆运输路线、边界以及武器问题的成功谈判。西方国家在不直接介入的前提下，应利用一切可能的手段，合理解决亚洲的冲突局势，因为这符合双方的利益。

这绝不是另一场文明冲突〔亨廷顿（Huntington），1996〕，因为这个问题远远超出了激烈的市场竞争甚至是贸易战的范围。从表面上看，我们可以看到美国和中国在贸易和货币问题上的争端，或者更广泛地说是欧洲－大西洋西部和亚洲东部之间的争端，但还有其他潜在的不和谐因素。这不仅仅是华为对摩托罗拉构成了威胁，中兴对苹果施加了压力，或者三星几乎把诺基亚赶出了市场；或者是印度的加工业和服务业日益体现出的竞争力，使其在国际交易中崭露头角；也不仅仅是美国担忧其经济中的一些行业将被来自阿拉伯国家，甚至是友好的阿拉伯国家渗透，例如迪拜一个公司在美国港口的投资项目被称为自由市场捍卫者的美国保护主义者阻止了。问题的实质是自由市场资本主义与国家资本主义的对抗，而自由市场资本主义的新自由主义倾向已经危及自身，造成了全球的金融和经济危机并加剧了整个体系发生冲突的可能性。此外，这个问题也是市场与政府在全球范围的对话交锋，这种对立比国家间的争端影响更大，它将对世界未来的发展进程产生越来越大的影响。

美国攻击中国公司不过是试图使政府服从市场，或公众利益服从私人资本，而国家资本主义与此相反，即要求私人资本主义利益集团服从于公众利益，虽然在这一过程中会产生一个有自己利益诉求的国家官僚阶层。印度介于两者之间，或许是印度而不是中国，将为亚洲其他国家指明道路。我们就像在参加演出：一些人演美国歌舞剧，一些人演京剧，还有一些人演宝莱坞故事；主要人物的面孔隐藏在面具下。正如一些人认为的那样，这场冲突对未来历史进程的影响肯定大于基督教和伊斯兰文化冲突所带来的影响〔桑德斯（Saunders），2012；帕谢赫（Parekh），2013；《独立报》（*Independent*），2017〕。

就像自由资本主义有几个版本一样，国家资本主义也有几种模式。在欧洲模式中，法国是最大的根据地，政府对经济的干预充分体现在其财政体系上，政府财政主导的收入再分配高达 GDP 的 57%。这种模式似乎已成历史，虽然有些人认为正兴起的新民族主义在 21 世纪 20 年代仍然可以给它提供一些动力。然而，它能否带来更好的未来，值得怀疑。相反，亚洲模式的国家资本主义可能是未来的模式，因为它能比其他模式更好地应对全球化时代经济增长带来的挑战。后苏联国家（post-Soviet）的国家资本主义仍未得到很好的界定，较为温和的拉丁美洲还在摇摆。俄罗斯的国有企业占俄罗斯资本市场价值的一半以上，巴西的占 1/3，这主要是由于两国的大型油气公司都是属于国有。其他区域的新兴经济体将在亚洲和欧洲 - 大西洋体系的对抗中做出怎样的选择，这对于世界的未来，对于塑造全球政治和经济制度，是极为重要的。

在西方价值观看来，阿拉伯半岛上采用的国家资本主义是好的，因为它是亲西方的，而“不好”的国家资本主义在中国、俄罗斯、伊朗、越南，以及在亚洲以外的地方，尤其是在玻利维亚、厄瓜多尔和委内瑞拉，因为它们是反西方的，尤其是反美的。采用这种差异化的标准是双重道德标准的另一种表现，或者坦率地说，是虚伪的表现。如果我们完全遵循经济学的原则，那么决定国家资本主义好坏的不是有偏见的意识形态信仰或特定的经济利益，而是一种务实的评估，评估这套制度对三个方面（经济、社会和环境）可持续增长的影响，包括其对国内系统和外国经济体的影响。在这种背景下，中国模式（当然不是沙特模式）似乎对许多国家都有吸引力。然而，西方再次将中国视为其价值观、影响力和重大利益的威胁。

从更广泛的角度来看，国家资本主义正在取得意识形态和政治方面的优势，因为自由资本主义，尤其是新自由主义正走向衰弱〔鲁比尼（Roubini）和米姆（Mihm），2010；加尔布雷斯（Galbraith），2014〕。一方面是许多新兴经济体的经济繁荣，另一方面是美国和欧盟的经济危机，以及由此导致的全球政策协调重心从G7转移到G20，这都是结构性的变化。就像大陆的漂移一样，这些变化既不是最终的，也不是稳定的。即使看似变得坚若磐石，就像曾经的罗马人、印加人、西班牙人、英国人、苏联人所看到的，变化仍可再次发生。不一定是因为一场地震或革命，如果有足够的确定性，所需的只是一次演变。

七国集团是由7个富有的资本主义大国组成的，在21世纪初，它贡献了一半以上的世界生产总值。这就是为什么美国、日本、德国、英国、法国、意大利和加拿大在当代全球化的初期掌握了世界经济的领导权。如今这已经是不可能的了，因为它们不再是7个最大的经济体。按购买力平价计算，中国排名第1，印度排名第3，俄罗斯排名第6，巴西排名第7。此外，印度尼西亚的排名超过了英国、法国和意大利，而墨西哥、土耳其、韩国、沙特阿拉伯、西班牙都超过了排名第17的加拿大。

G20是由43个国家组成的集团，目前还没有成立秘书处，它对全球经济的代表性肯定超过了G7。确切地说，G20代表了43个国家，而不是20个。G20由19个创始成员国和24个欧盟成员国组成。这19个国家是：阿根廷、澳大利亚、巴西、加拿大、中国、印度、印度尼西亚、日本、墨西哥、俄罗斯、沙特阿拉伯、南非共和国、韩国、土耳其、美国以及欧盟最大的经济体——德国、英国、法国和意大利。

G20人口约占世界的63%（中国占1/4），生产总值约占世界的78%（中国占近1/3），贸易额约占世界的90%。如果能否成为G20成员国仅由生产规模与GDP（按购买力平价计算）来决定，那么2017年阿根廷（GDP为9,100亿美元）和南非共和国（GDP仅7,600亿美元）将被GDP 1.76万亿美元[①]的西班牙和GDP 1.11万亿美元的波兰所取代。然而，除了经济，地缘政治也很重要，有时甚至更重要。

中国作为2016年杭州G20峰会[②]主办国正逐步加强其对世界经济的影响。中国利用这一论坛，使全球化重新制度化，以更为适合的方式协调超国家经济政策。这应该是中国参与和构建新国际组织的目的，例如金砖国家的会议，由20国集团中的5个新兴经济体参与，分别是中国、

① 几年前，我在《经济学人》发表了标题为《将波兰带向G20，别为阿根廷哭泣》的评论〔科勒德克（Kolodko），2014b〕，指出了这种“不公正”。

② 2017年，在汉堡举行了一次不太成功的G20峰会。中国领导人习近平向德国总理安格拉·默克尔提供了可爱的大熊猫“梦梦”和“娇庆”。这也是政治，当然比特朗普称中国为竞争对手更优雅。

巴西、印度、南非共和国和俄罗斯，例如由包括中国在内的 57 个创始成员国共同筹建的亚洲基础设施投资银行（简称亚投行）。有趣的是，亚投行分域内成员国和域外成员国。前者包括亚洲和大洋洲区域的 37 个国家，后者包括欧洲、非洲和拉丁美洲的 20 个国家。说来奇怪，横跨欧亚大陆的俄罗斯也被视为亚洲和大洋洲地区的 37 个域内国家之一。一些欧亚和美国太平洋地区的观察人士不无道理地认为，亚投行是中国对《跨太平洋伙伴关系协定》（TPP）作出的回应之一。TPP 是一项多边贸易协定，由澳大利亚、文莱、加拿大、智利、日本、马来西亚、墨西哥、新西兰、秘鲁、新加坡、美国和越南等 12 个亚太国家经过长期谈判，于 2015 年达成。它不仅是一个促进区域一体化的有价值的项目，而且在地缘政治上也一直是一项直接针对中国的协议，这肯定是比新的民族主义和旧的保护主义更好地应对全球化挑战的方法。这导致了外国在中国直接投资大幅下降，因为其中一些资金流向了 TPP 成员国。

从地理上讲，中国有资格加入 TPP，但从地缘经济上来说，它并不属于 TPP，这是由日本和美国所决定的。然而，突然之间，幸运降临！特朗普这位几乎不支持自由贸易的美国新总统反对（并非总是出于理性的原因）许多现象、制度、文化和国家，他在 TPP 得到国会批准之前就先将美国从该协定中拉了出来。他对自由贸易的强烈反感压倒了对中国的反感，尽管这种反感丝毫没有减弱。中国当然不会不高兴，其外国直接投资再次增长。没有美国参与的TPP启动了，亚投行也已启动，而且也没有美国参与。

虽然中国缺席TPP，但在其他地方还能看到中国的身影。在这张欧亚地缘政治和地缘经济地图上，我们不能忽视上海合作组织——一个联系相对松散、一体化程度不强的组织。上海合作组织是中国和俄罗斯、哈萨克斯坦、吉尔吉斯斯坦、塔吉克斯坦、乌兹别克斯坦在21世纪初共同创建的。重要的是，印度和巴基斯坦在2017年加入了上海合作组织。除了正式成员外，上海合作组织还给予一些国家对话伙伴或观察员的地位。对话伙伴包括阿富汗、白俄罗斯、伊朗和蒙古，观察员包括亚美尼亚、阿塞拜疆、柬埔寨、尼泊尔、斯里兰卡和土耳其。

就领土和人口而言，这是世界上最大的"组织"。上海合作组织宣布的目标是通过多边合作，促进亚洲区域的安全。显然，中国和俄罗斯在这方面发挥了关键作用。现在的问题是：我们应该期望这种合作带来的成果，还是害怕其产生的后果？至少有良好意愿且理智的人都希望这些成果尽可能丰富，但也有人怀疑这一计划用意不良并强烈担心可能产生的后果。他们甚至把中俄和解称为特朗普最可怕的噩梦〔安德里安（Andelman），2017〕。事实上，如果把北京和莫斯科视为对手，华盛顿特区可能害怕它们在政治和军事上的联盟，就像在第一次冷战期间害怕这种联盟一样。不过历史上中苏两国也长期存在各种意识形态和政治对立（包括边境冲突[①]），而美国人还在阻止中苏分裂方面做出过重要贡献，1972 年尼克松总统对中国的精彩访问更是功不可没。现在要让美国和中国关系完全改观是不可能的，尤其是在特朗普政府发出和推行多项反华和反俄的言论和政策之后。尽管他的做法是有目的的，却拉近了中国和俄罗斯之间的距离。当然，中美相互访问是没问题的，但不幸的是，关系不会像之前那样缓和了。

四、完美自由市场的神话

新兴的或正在崛起的已不再是容易操纵的市场，新兴的是一个新世界。自由主义和国家资本主义都不会赢：既不是美国，也不是中国；既不是亚洲，也不是欧美；无论是东方还是西方，都不会赢，因为这绝不是一个二元体系，

① 1969 年 3 月，一场严重的中苏边境冲突在乌苏里江爆发，并升级为珍宝岛上的交火。枪击导致双方数百名士兵死亡。

所以它们也都不会被打败。它们必须学会共存。

中国在世界各地变得越来越有吸引力，而西方在许多地区正失去吸引力。事实证明，越来越多的国家正将国际货币转向人民币，而非美元。当美元兑瑞士法郎汇率变动1%时，西亚国家的货币也会随之变动0.38%。然而，当同样的事情发生在人民币身上时，西亚国家的货币会跟随中国的脚步变动0.53%。据估计，与金融危机发生前的几年相比，在52个新兴市场国家中，有32个国家的美元地位有所下降，而这往往对人民币有利。

在这种趋势下，特别是考虑到中国经济的持续增长预期和在全球贸易中所占份额的不断增长，可以预测，人民币最早将在2035年成为世界主导货币〔萨勃拉曼尼亚（Subramanian）和凯斯勒（Kessler），2012〕。我认为这种预期可能有些夸张，因为2018年初全球外汇储备中只有1,060亿美元的资产是以人民币计价的，仅占总外汇储备的1.1%。尽管如此，人们应该同意这样一种观点，即人民币在全球金融交易中的重要性不可避免地会随着时间的推移而加强。

中国正在成为潮流，不仅是在经济领域，在艺术和政治领域也是如此。在艺术领域甚至出现了市场泡沫。2011年最昂贵的10件艺术品中，有3件是中国艺术家的作品，包括齐白石的《松鹰图》，售价6,500万美元。不可否认，齐白石画得很美，但现在那位匿名投资者可能已有所亏损。不过，这是他自己的事。另外，不少西方的作品也被中国人收藏，艺术作品从西方流向东方的潮流要比从东方流向西方的潮流大得多。

我们都应该关心经济政策中越来越多的中国元素。另一个术语“北京共识”近年来已经成为一个时髦词〔哈勃（Halper），2010〕。由于显而易见的原因，它与“华盛顿共识”形成鲜明对比，后者正被置于经济史中，已经算不上主流的政治和经济政策了。然而，是否存在“北京共识”？这两个词都是在美国创造的，也许这是西方经济学和政治学的又一项发明，而中国人自己并不用“北京共识”这个词吧？的确如此。

顺便说一句，20多年前，“华盛顿共识”一词诞生时〔威廉姆斯（Williamson），1990〕，在华盛顿的政治和技术官员的圈子没有形成关于如何应对外部世界的一致意见，或者更准确地说是应对制造麻烦的新兴市场国家——最初指拉丁美洲国家，之后也包括东欧和后苏联国家。随后，新自由主义市场放松管制，国家财产积极私有化和有限的政府角色的概念变得十分流行；这些主张又被落在纸面上，以华盛顿这座在世界上极有影响力的城市命名。大众媒体和追赶时髦的经济学家和政治学家创造并推广了这一术语，他们喜欢重复引人注目的术语，即使这些术语不够精确、不够充分，有时甚至很愚蠢〔惠恩（Wheen），2004〕。后来，有人试图修改这一经济理论和政策概念，在其中增加制度层面和相关的社会内容，命名为“后华盛顿共识”〔科勒德克（Kolodko），1999b；斯蒂格利茨（Stiglitz），1999〕。那是20年前，当时还看不出来北京似乎能取代华盛顿、中国似乎能取代美国。今天则有一些人相信这些正在发生。这种想法是错误的，而且肯定为时过早。

这一次，“北京共识”的情况与华盛顿类似，因为在北京的政治或技术官员圈子里，对于如何与外部世界打交道，尤其是如何与其他新兴经济体打交道，尚未达成共识。但是，由于中国对外扩张的趋势正在变得明显，而且中国的价值体系与西方的显然大不相同，所以我们得到一个“北京共识”。它的一般解释可归结为有必要对经济进行监管，确保国有经济的重要地位和政府对经济的适度干预。

世界西方化，尤其是世界美国化的努力已经失败了，同样，世界中国化的努力也不会成功。被夸大的还有一些对中国经济的评估，有时会将其归结为威权资本主义〔麦格雷戈（Mc Gregor），2012〕，对中国所谓帝国野心的猜测也被夸大了。西方学者假想的“北京共识”不会抢“华盛顿共识”的风头，后者正因为自身的错误而退出舞台。世界还需要一些更好、更有前瞻性的东西〔潘卡（Pankaj），2012〕。自从新自由资本主义在知识、政治和道德上蒙受耻辱以来，没有任何创新和吸引人的想法能够填补此空白，新实用主义也只是一个初步的概念，要成为主流还有很长的路要走。

无论是仍在探索中的中国，还是其他任何国家，都没有现成的、令人满意的答案来回答这个根本问题：“下一步怎么办？”这和预测无关〔兰德斯（Randers），2012〕，而是要勾勒出全球化经济的未来愿景，以及沿着这个路线追求动态可持续发展的理论和实践方法〔科勒德克（Kolodko），2014a；罗德里克（Rodrik），2015；菲尔普斯（Phelps），2016〕。我们需要作出巨大努力，不能丢弃尚处于萌芽状态的宝贵思想，同时也要保护普世价值。政治新自由主义是对民主的嘲讽，经济新自由主义是把经济变成私人农场，但这并不意味着我们不应该珍惜崇尚自由的价值观：自由、真正的选择、公平竞争、企业和市场以及社会经济的自由。

一个有着多个经济和政治中心的多极世界正在形成，文化的多样性蓬勃发展。任何一种文化，即使是一种主要的文化，都不会完全独占主导地位〔科勒德克（Kolodko），2011a，库普彻（Kupchan），2012〕。就此而言，未来几乎每个人都可以拥有足够的空间。未来的世界将是一个多元的和一个文化更加丰富的世界，如果我们能够正确引导对话通道，就不会有破坏性的文明冲突，反而会产生创造性的和谐的文明。

21 世纪乃至之后的世界面貌，在很大程度上不是由亚洲和欧美之间的直接经济竞争结果决定，而是由这两大价值体系、制度和政策如何相互渗透、如何相互充实所决定。目前不断加剧的对抗与其说是对未来的威胁，不如说是给未来的机会。然而，我们需要认识到，不仅是自由资本主义所希望的新兴市场正在形成，新兴的替代意识形态也逐渐为人所知。知识分子领袖和世界政治、经济中心的领导人越快认识到这一点越好。

简而言之，对富有的西方世界以及一些试图盲目追随的经济体（西方称之为新兴市场国家）来说，最大的威胁并非来自中国，而是来自完美自由市场的神话。东方的智慧不会威胁到世界的未来，而是我们未来发展的又一次机会。真正的威胁是西方缺乏足够的智慧（更不用说愚蠢了）。

世界正在朝多元化的方向发展，所以经济学也应该朝这个方向发展。新自由主义原始的一元化方法，即对所有国家采取单一政策，而不考虑其文化特性和历史遗产，并且与地缘政治隔绝，正在成为过去。

未来的世界是一个多样性的世界，包括文化和传统的多样性，偏好和观点的多样性，以及经济体制和经济政策的多样性。未来的世界既不是由欧洲－大西洋协定主宰的世界，也不是由中国主宰的世界，或者说，不是由亚洲主宰的世界。不会出现将其他国家抛在脑后的亚洲的时代。世界不会变成平的〔弗里德曼（Friedman），2005〕，它永远是圆的。幅员辽阔的中国将脱颖而出，但不会压倒其他国家。我们没有理由害怕，更没有理由用中国梦吓唬别人，说它对全球秩序构成了威胁〔莫舍（Mosher），2017〕。美国人曾经有过他们的美国梦，其他人也有梦想。每个人都有梦想的权利，不是吗？

这可能是中国人的感受，这是由他们的领袖提出的中国梦，现在他们正试图将中国梦具体化。这些梦想足够现实，且中国梦的实现不以牺牲他人利益为代价。习近平主席希望人们，特别是年轻人，敢于梦想，努力工作，为国家的振兴作出贡献。这将增加社会福利和民族自豪感，也会使中国特色社会主义走向繁荣。

第四章

社会主义、资本主义还是中国主义？

Will China Save the World?

中国能否拯救世界？

一、经济—社会—国家

关于中国体制本质的争论并不是什么新鲜事，至少在中国之外是这样的。因为在有些地方，已经有三代人一直宣称他们在同社会主义打交道。有不同的形容词来修饰“社会主义”这个词，这些形容词会随着时间的推移而改变，或者会被添加其他的意思。1989 年，我第一次来到中国，那时我毫不怀疑它是一个社会主义国家，尽管在许多方面，中国的社会主义都不同于我更为了解的中东欧国家的社会主义。这是建立在落后农业占主导地位的贫弱经济上的一种社会主义。近些年再来中国，我时常怀疑它是否仍然是社会主义国家，我甚至不确定它是否已经是资本主义国家。30 年前我去中国的时候，中产阶层基本上还不存在，但是自从中国开始从经济而不是从政治层面进行伟大的制度变革以来，充满活力且富有创业精神的中产阶层随处可见。这对于政治稳定和经济发展是必不可少的。

这仅仅是从一种体制到另一种体制的过渡时期，还是一种全然不同的体制？它应该有一个自己的名字吗？在中东欧国家已经持续了25年的体制改革之后，人们普遍认为该经济转型是成功的，至少对于那些后来成为欧盟成员国[①]的后社会主义经济体（post-socialist economies）而言是如此。然而，中国正在走一条自己的路。这条路把中国带到了哪里？它又将通向哪里？

有关资本主义和社会主义的文献浩如烟海。我们没有必要在这里讨论这些文献，但从始至终，这两个系统都在实践中相互作用和对抗；在20世纪的大部分时间里，特别是在科学、意识形态和政治辩论中，有些术语有着不同的含义，至今仍定义混乱且缺乏方法论。在理论讨论中，对于资本主义、社会主义的含义，从未达成共识。

那些生活在资本主义诞生之时的人们并没有把他们所在的时期描述为“封建主义向资本主义的过渡时期”，而研究下一个社会形态的研究人员却使用了“资本主义向社会主义的过渡时期”这样的描述。尽管建设后社会主义经济、社会和国家并不是要回到以前的状态，而是要找一条独一无二的出路，但讽刺的是，人们后来在描述这样的社

---

① 11个中东欧后社会主义国家现在都是欧盟成员国。捷克共和国、爱沙尼亚、匈牙利、拉脱维亚、立陶宛、波兰、斯洛伐克和斯洛文尼亚在2004年率先加入欧盟。2007年，保加利亚和罗马尼亚加入欧盟，克罗地亚在2013年加入欧盟。

会时却会用“回到”这样的字眼。至于资本主义的定义，我们通常把它定义为一种社会经济制度，其基础是私人资本寻求利润最大化（或换言之，以生产资料私有为主导）的意愿和自由市场交换模式；而社会主义的情况在过去和现在都更为复杂。

问题变得有些混乱，主要是从不同的角度看同一件事或从同一角度看不同的事所导致的。对一个政治学家来说，最重要的是对获得和使用权力的方式，以及对国家及其机构的运作进行观察与阐释；而对一个社会学家来说，问题的核心是对社会和支配各部分群体相互作用的机制进行观察与阐释；经济学家则侧重于观察和分析反复出现的经济现象和过程，并对其进行解释。如果我们深入到规范经济学，这一领域的经济学家侧重于为经济政策和发展战略的制定提出建议。此外，虽然这三类专家使用相同的术语，如资本主义和社会主义，但对不同学科的专家来说，它们的含义并不完全相同。这些词首先与一个经济体系相对应，它们也明显涉及社会、文化以及国家和法律。事实上，不仅经济可以是资本主义的或社会主义的，社会和国家也可以。此外，也可以把这些区别归因于心态。

重要的是，我们曾经有过现实的社会主义，或在实践中发挥作用的社会主义——不论是从苏联到中国，从波兰到南斯拉夫，从越南到古巴，还是从柬埔寨到埃塞俄比亚。有时，社会主义在空间上（比如蒙古和匈牙利之间，阿尔巴尼亚和捷克斯洛伐克之间）和时间上（比如20世纪50年代前半期和80年代后半期的波兰，斯大林和戈尔巴乔夫时期的苏联）差异很大。但我们有共同理论的社会主义，被一些人（尤其是在苏联）称为科学社会主义。这是理论上应有的社会主义，现实和理论总有差距。

顺便说一下，资本主义的现实和理论同样也存在差距。现实中的资本主义深陷危机、经济灾难和政治操纵，卷入玩忽职守和不诚实的丑闻，并且它所宣布的目标和实际行动之间存在难以逾越的鸿沟。这与教科书中所描述的资本主义也相差甚远，以至于我们需要一个关于当代资本主义的创新理论〔海尔伯勒和米尔伯格（Heilbroner and Milberg），1995；奥默罗德（Ormerod），1997；斯蒂格利茨（Stiglitz），2007；沙巴（Csaba），2009；科勒德克（Kolodko），2011a；菲尔普斯（Phelps），2013; 加尔布雷斯（Galbraith），2014；梯若尔（Tirole），2017〕，一个能够消除现实世界中实际发生的事情与理论中所描述的内容之间的巨大差异的理论。新实用主义的提出也有这方面的原因〔科勒德克（Kolodko），2014c；巴尔采罗维奇（Baltowski），2017；加尔布雷斯（Galbraith），2018〕。

社会主义的现实有时与其理论表述有很大的不同，以致同一部学术著作的后续版本因为一些新的社会现实的出现而与早期的版本相差很大。比较欧洲作家在 20 世纪 50 年代和 70 年代出版的《社会主义政治经济学》教科书，会发现差异显著。波兰和匈牙利两国教材的差别远大于保加利亚和民主德国教材的差别，这很奇怪但也很重要。最主要的原因是，由于各种改革减少了国有化和计划经济的束缚，社会主义的面貌在前两个国家（也包括在走一条不同但仍是社会主义道路的南斯拉夫）发生了重大变化。社会主义在政治和科学领域中的阐述也在逐渐演变。在那些不太容易接受改革的国家中，最墨守成规的当属阿尔巴尼亚（顺便提一句，它也是欧洲最贫穷的国家）和罗马尼亚，它们的教科书可以在不做重大修改的情况下重新出版。在 20 世纪 80 年代以前，中国和越南也是类似的情况。

请允许我在这里说点题外话。我想提一件事情，那就是苏联当时由于计划没做好，在出版一本名为《过渡时期的经济学》的书时，富余了很多封面。这本书讨论了从资本主义到社会主义的过渡时期，封面为红色，还有烫金的字母。到 20 世纪 90 年代初，出版社又利用这些封面出版了一本同名书，但这一次讨论的是从社会主义到资本主义的过渡时期。我在想封面的存货是不是已经用完了。

在过去，有些人可以信誓旦旦地说自己生活在社会主义社会；但在今天，人们不再这么认为。过去一些人认为他们正走向社会主义，但现在他们声称事实并非如此。可以说，多年来，社会主义在文学中的形象变得越来越模糊而不是越来越清晰。现实中社会主义的实例越来越少了。在这种背景下，中国当然是最重要的一个案例。就中国的情况而言，可以找到以下观点："一种制度是否属于社会主义，需要根据以下四个标准来评判，能力、意图、再分配和响应能力。"第一，社会主义政府控制着一定份额的经济资源，从而有能力左右经济形势。社会主义的一个传统定义包括"生产资料的公有制"，但是"能力"的涵盖面在这里被扩大，包括通过税收和监管来控制资产和收入的能力。第二，社会主义政府的意图是塑造经济，以获得与非干预主义市场不同的结果。第三，社会主义政府通常认为自己是在通过推动经济增长、落实社会保障和实施有利于穷人的再分配措施，让那些不太富裕的公民受益。第四，社会主义政府应该有某种特定机制，通过这种机制，更广泛的人口可以影响政府的经济和社会政策，这样一来，政策至少在一定程度上反映了人们不断变化的偏好〔诺顿（Naughton），2017〕。从这个角度出发，可以得出的结论是："中国只有取得更大进展，实现其所宣布的全面社会保障、收入适度再分配和改善环境问题的政策目标，才能被认为是社会主义国家。"

此前，马里奥·努提指出了类似社会主义经济的基本特征，也强调了多样性，并提出了一种区分资本主义和社会主义的有趣方法。他指出，初始的社会主义是由 4 个占有不同比例的基本要素组成的：

a. 占主导地位的公有资产和企业；

b. 平等和大量的公共消费；

c. 经济民主和参与；

d. 社会控制主要经济变量（就业、收入、积累、增长、通货膨胀、内部平衡、外部平衡）。

让我们仅考虑具有以下特征的社会系统：0= 不存在或消失殆尽；1= 显著存在。可以用这种方式生成 16 个备选模型：有的从未存在，有的不再存在，其他仍然存在〔努提（Nuti），2018b〕。

按照上述分类法，其中一种社会主义的变体是中国特色社会主义，于 20 世纪 80 年代至 90 年代确立；这是 1101 型。从 21 世纪初开始，考虑到国有制仍然在银行中占主导地位，控制着投资信贷的准入和成本，中国成为 1001 型，这种类型与国家资本主义关系更为密切。以这种视角来看，1928 年至 1990 年的苏维埃式中央计划经济为 1101 型，1950 年至 1990 年的南斯拉夫为 1011 型。迄今为止从未实现的理想社会民主是 0111 型，而古典资本主义是 0000 型。理想的共产主义（乌托邦）要求：作为多余的强制性机构的国家已不存在，经济富足，全民共享所有权，遵从“各尽所能，各取所需”的规则，即 1111

型经济。共产主义以这种方式被概念化，这是一件好事，因为它使得无数经济学家免于失业，这些经济学家和经济理论在一个没有任何矛盾的经济中是完全多余的。但是事情的走向有了变化，以致我们现在忙得不可开交。

今天的波兰和匈牙利，以及其他后社会主义的欧盟成员国已经是 0000 型的资本主义经济体，但显然，这种分类需要引入一些二元变量之外有细微差别的因素。的确，有人可能认为这两个作为市场改革先驱的国家是 0101 型的，因为这两个国家的收入略有些不平等且国家对经济过程的控制力度相当大。当然，添加 0.5 是没有意义的，因为这样的话我们的备选模型将不再是 16 个，而是多达 80 个。因此，在进行二元分类时，最好对归类作特定的补充描述。

因此，不同的国家——虽然它们有着不同的政府、社会、经济、文化和政治——会被统称为社会主义。一方面，曾经创建纳粹德国的政党虽然本质上是法西斯主义，但在其名称中存在“社会主义”的字眼，并用“民族”一词来美化。另一方面，有些人把社会主义与一些积极的事物联系在一起，如与斯堪的纳维亚国家（丹麦、芬兰、挪威和瑞典）的社会市场经济联系在一起。在此背景下，为了将这些特定的国家与中东欧经济体和苏联区别开来，在西方文献中，特别是在政治学中，后者被称为共产主义国家和社会主义经济。这进一步使研究过程复杂化，因为在这种情况下，同时存在着三种社会经济制度：资本主义（例如意大利）、社会主义（例如瑞典）和共产主义（例如捷克斯洛伐克）。

出于若干原因，这不是一个可以令人信服的观点〔瓦利茨基（Walicki），1995〕。其实，共产主义也有很多种解释，从170年前《共产党宣言》〔马克思和恩格斯，2014；斯蒂德曼（Stedman），2016〕中概述的困扰欧洲的幽灵，到近100年前俄罗斯所谓的战时共产主义，再到有着丰富的商品、服务和社会正义的乌托邦政权，或许有一天它能够取代社会主义。第一次冷战期间，在经济、思想和政治方面发生了多年的斗争，这就是为什么这一术语卷入了包括经济学和社会学在内的社会科学之战，易北河以东的社会在西方被称为“共产主义”，而“社会主义”一词则在东方占据着主导地位。因此，这两个不同的术语被用来描述相同的环境，这两个词有些被滥用了。

在大多数中东欧国家，几乎没人把1945年至1989年的社会经济现实称作“共产主义”，因为“共产主义”只会在未来某一天出现。而从1990年以来，“共产主义”一词被广泛地用来指那几年的社会主义，“后共产主义”一词则用于描述1989年后的时期。这在科学工作中是不可接受的，因为在中欧和东欧只有过苏联式的社会主义，没有共产主义。

关于这一点，我自己也有两难之处，主要是因为我的一些作品是针对西方读者的。因此，我的一本书的书名包含“后社会主义”〔科勒德克（Kolodko），2000a〕一词，另一本的书名包含“后共产主义”〔科勒德克（Kolodko），2000b〕一词，尽管这两个词指的都是真正的社会主义时代之后的同一时期。有趣的是，十年前，另一位学者在哈佛大学演讲后，把这两个词都写进了一本书的书名中：《社会主义体制：共产主义的政治经济学》〔科尔内（Kornai），1992〕。

尽管科学应该以严谨的思路和明确的方法来界定每一个概念，从而更好地解释我们研究的现象和问题，然后把正确的术语应用到大众讨论中，但事实往往相反。报纸应该更多地使用学术界的语言，但实际上，是学术界借用了报纸的语言。有时在不加批判也未经深思熟虑的情况下，某些术语从流行说法扩散到科学话语中，并广为传播。“后社会主义”或“后共产主义”就是这样演变而来的。

随之而来的混乱导致了这样一种情况：在20世纪90年代，苏联的所有加盟共和国都被视为“后社会主义”国家，即使那些国家的私营经济所占比例远低于20世纪80年代私营经济在波兰经济中所占的比例，当时波兰私营经济的生产总值占其GDP的比例不少于20%，显然没有人会把波兰称为后社会主义国家。当我们在2018年听到：波兰或匈牙利在1988年是共产主义国家，而土库曼斯坦却是一个资本主义国家。这简直没有道理。除非我们接着补充说，它是后苏联国家资本主义，在经济体系分类图上是一个独特的新类别（即1001型，具有后苏联的特征）。

与此同时，几乎所有后社会主义国家，包括中国在内，都被纳入为新兴市场国家，这一类别被政治评论员和研究论文无意识地过度使用。这些国家确实正在崛起——克罗地亚、越南、俄罗斯、中国、哈萨克斯坦、塞尔维亚、亚美尼亚、斯洛文尼亚。到目前为止，只有波兰已经崛起，因为它“不再被富时罗素指数评为新兴市场国家，而是被列为发达市场国家”。同样被列为“发达市场国家”的还有其他24个国家，包括德国、法国、日本和澳大利亚等。波兰是第一个发展至发达市场地位的中东欧经济体。〔新兴欧洲（Emerging Europe），2017〕

新兴市场不再是缺乏自由市场机制的社会主义，也不是具有成熟市场的资本主义。如果以这种看法处理这个问题，就没有了社会主义与资本主义的对立，真正重要的是市场是否起作用。这样，就把讨论从承载着沉重思想和政治包袱的层面（两种体制之间的过渡时期）转移到了更注重实际的争议层面。因此，我们如今争论今天的中国或乌兹别克斯坦、阿塞拜疆等国家在改革后的经济体系究竟是计划经济还是市场经济，是国家经济还是私营经济，都比关于是资本主义还是社会主义的争论少了情感的和政治上的顽固不化。

所以，我越过关于这个重要分类的两难境地，不让事情复杂化。当知道2016年美国总统候选人之一伯尼·桑德斯称自己是“社会主义者”，而在2017年当选法国总统的埃马纽埃尔·马克龙曾经是“社会主义”总统弗朗索瓦·奥朗德手下的经济部部长时，我也不会太过留意。从他们的政治观点来看，他们中的任何一个在1989年前都不会被中东欧地区的执政党所接受。

人们在使用“社会主义”和“社会主义者”这两个术语时也会混淆。法国的克劳德·昂利·圣西门（1760—1825）和查尔斯·傅立叶（1772—1837）等人提出空想社会主义（utopian socialism）这一概念之后，有很多人做过实验。例如，得克萨斯州的留尼汪殖民地（La Reunion）曾基于傅立叶的思想进行实验，出生于威尔士的罗伯特·欧文（1771—1858）先后在苏格兰的新拉纳克村和美国进行实验。现在也不乏乌托邦式的社会主义者，但由于过去苏联式社会主义遭受的耻辱，以及目前左派的社会反响不佳，他们几乎得不到任何支持。这从欧洲国家最近的选举结果中可以看出。在这些国家，具有社会主义倾向的政党，包括劳工党和社会民主党，曾经表现得相当好。

还有一点很重要，目前有些混合型且表现不佳甚至容易发生危机的制度，也被称为社会主义。我在这里指的不是由津巴布韦前总统罗伯特·穆加贝推行的社会主义，他在 21 世纪初宣布愿意引入中央控制的经济，但讽刺的是，他的政策却允许极度腐败的国家资本主义蓬勃发展。我指的是更值得注意的在拉丁美洲的实验，例如委内瑞拉总统乌戈·查韦斯倡导的 21 世纪社会主义，或玻利维亚、厄瓜多尔和尼加拉瓜的 21 世纪社会主义。这些国家的混合制度普遍存在一些与社会主义有关的政策要素，但本质上是以社会为导向的资本主义经济在经济欠发达国家的应用。何塞·穆希卡，曾经参加图帕马罗斯游击队，后来（2010—2015）当选乌拉圭总统，他说："有一个根本问题，就是人们不能通过法令来实现社会主义。左派倾向于爱上梦寐以求的东西，把梦想与现实混为一谈。"〔安德森（Anderson），2017〕马杜罗本人看到委内瑞拉版 21 世纪社会主义的悲惨后果，他得出这样的结论："谈到工人阶级时，马克思说，改变历史需要时间。马克思是对的。这是一场长期的斗争。"（同上）所需的时间无法衡量。

"混合制度"（mixed systems）一词已经出现。这表明，问题并不在于如何在资本主义和社会主义两种截然不同的选择中做出取舍。虽然有关玻利维亚这个贫穷的（按购买力平价计算，人均 GDP 为 7,500 美元）小国（人口为 1,100 万）的讨论确实很吸引人，但对于人口稠密的中国来说，更吸引人的是迅速拥有更多的财富和人口。玻利维亚不会影响人类的命运，而中国却不可能不对人类的命运造成影响〔基辛格（Kissinger），2011，2014；沈大伟（Shambaugh），2016；科勒德克（Kolodko），2017〕。

二、寻找平衡

在教科书中，社会主义通过有效的中央计划保证了经济均衡。然而在现实中，亿万人民经历的却总是短缺。财产国有化本意是为了根除为剥削提供源泉和机制的私有财产以确保社会和谐发展，而实际上，它为一种基于意愿而非确凿事实的投资政策，以及为导致经济失衡的垄断行为铺平了道路。更糟糕的是，与经济学教科书〔兰格（Lange），1963,1971〕所强调的均衡与和谐不同，实践中观察到的是相当有规律的内生增长波动，显示出其周期性特征〔鲍尔（Bauer），1978；科勒德克（Kolodko），

1986b〕。不言而喻，在社会主义经济宏观生产过程中存在的周期性，与主流社会主义的官方意识形态和政治经济学是矛盾的。

所有社会主义国家都出现了物资短缺，在这些国家中，国有经济占主导甚至是完全占主导地位，生产量和结构由中央计划决定，工资和物价都受到控制。需求永远大于供给，产生了负面影响。这影响了生产领域（企业部门），因为企业的物资短缺中断了生产的连续性而使生产效率低于均衡水平〔科尔内（Kornai），1971〕，也影响了消费领域（家庭），影响了民众生活。短缺的规模有大有小，在时间和空间上也是各不相同的。在捷克斯洛伐克和民主德国这些没有尝试价格部分自由化、同时对工资和价格进行严格控制的国家，情况没有那么严重；而在波兰，由于20世纪80年代末期的改革反复无常，短缺情况最为严重〔科勒德克（Kolodko），2000a〕。

“短缺”一词在苏联式社会主义国家的经济学教科书中属于外来词，直到亚诺什·科尔内（1980）在社会主义中央计划经济中给它赋予重要的基础性地位。此外，他还指出了社会主义和短缺之间不可分割的联系。[①]

虽然在中东欧地区没有一个经济体（更不用说苏联坚持重工业、提高军备开支）能够成功地消除短缺，但这些国家会周期性地出现消费品供应相对充足、接近均衡的时期。这些市场还不够成熟，但经济短缺也不是太严重。这是一个卖方市场，因为供应的商品相对较少，生产者决定了消费者可以购买什么。完全、理想的市场均衡状态只是理论上存在，在以市场出清价格交易的时候出现，这是一种所有供应（Ψ）均已售出，所有需求（Π）均已满足的状态：

$$\Pi_1=\Psi_1 \quad (1)$$

卖方市场是指需求数量略大于供给数量的情况。这会给顾客带来不便，例如被迫购买质量低劣的商品或替代品——想买一张米白色的沙发却只能买到酒红色的，想买冰啤酒却只能买到常温啤酒，或者要从一个商店逛到另一个商店，才能最终找到想要买的东西。

$$\Pi_2>\Psi_2 \quad (2)$$

在买方市场中，消费者相对于生产者、供应商和卖方

---

① 在第二次世界大战期间，资本主义国家尤其是英国，也包括美国和日本，曾出现罕见的短缺情况，这是由于当局采取了抑制通货膨胀的措施〔查尔斯华斯（Charlesworth），1956〕，与之相伴的还有大量针对短缺物资的配给方案。美国曾经历较小规模的短缺：在1973年石油危机爆发之后，由于市场上燃料的短缺，人们有时无法给汽车加油。

具有一定优势。人们可以挑选商品、讨价还价甚至吹毛求疵。这种情况下，还无须处理结构性过剩的库存和浪费货物的问题，因为它们最终会被出售。

$$\Pi_3<\Psi_3 \quad (3)$$

当需求在结构上大幅超过供给，即消费者永远无法购买到所需的货物，我们面对的就是短缺经济。

$$\Pi_4>\Psi_4 \quad (4)$$

反之，当供应到市场的商品都卖不出去，尽管商家已经努力营销、付出了巨大的广告费用还卖不出去，并且其中一部分商品被浪费了，那么就出现了过剩经济。

$$\Pi_5<\Psi_5 \quad (5)$$

从卖方市场转变为短缺经济要比从短缺经济回到卖方市场容易得多。同样，从卖方市场转变为相对均衡的状态也不容易。匈牙利成功实现了相对均衡，这是由于1968年的市场化改革后，在匈牙利出现了买方市场的要素。波兰在20世纪70年代初也意外地实现了这一转变，这在很大程度上是因为西方资本主义国家非常急切地向波兰提供消费贷款。向买方市场转变的代价是外部失衡，外债不断增加，在多年内都无法还清外债。

波兰在20世纪70年代初期的情况就是如此，即使我们回到那个年代从华沙前往布达佩斯，也会认为布达佩斯的情况更好。不过，当一个人找不到尺寸合适的牛仔裤而不得不把自己硬塞进一条小尺寸的裤子时，或者当你在 Lenin Utca 店里买不到想要的齐柏林飞艇唱片而只好买一张普洛考 · 哈勒姆的专辑悻悻离去时，你在匈牙利也能感觉到短缺的存在。当然，在那些无法当场观察到的市场领域，如公寓、汽车、电信、外汇市场，短缺率相对更高。尽管如此，匈牙利的短缺率相对来说还是比较低的，但有趣的是，短缺经济学理论的作者是一名匈牙利经济学家，尽管罗马尼亚、保加利亚、俄罗斯、乌克兰、斯洛伐克和捷克的经济学家明明有更多的机会进行这方面的观察。

不幸的是（至少对苏联式社会主义而言），通过提高价格和让部分商品价格由市场驱动来消除短缺的尝试以失

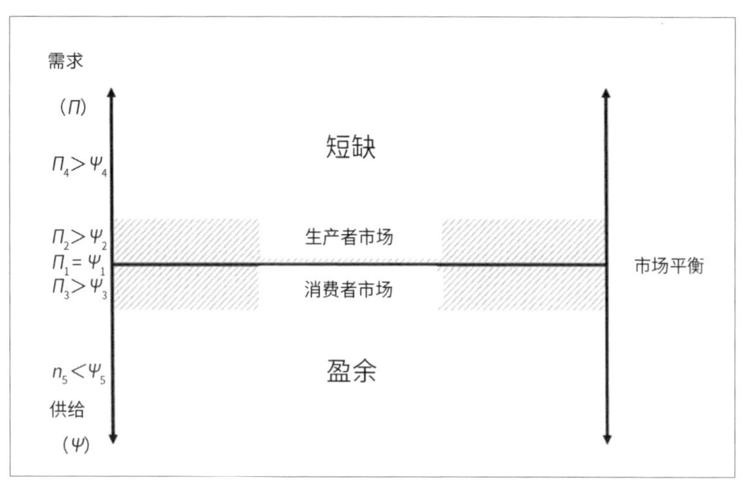

图 4-1：生产者市场和消费者市场

资料来源：作者编制。

败告终。市场驱动模式之所以无法成功地消除短缺，是因为没有任何一个社会主义经济体——甚至在波兰和匈牙利这两个相对亲市场的经济体中——能做到完全解除管制。[①]直到 20 世纪 80 年代末，中国才实现了这一目标，因为中国人很聪明地从中总结了经验教训。他们不再关注社会主义兄弟国家，而是开始走自己的路。没有东欧这样的巨变，也没有新的大跃进，而是实行渐进式改革，正如中国伟大的改革家和领导人邓小平所言，这是“摸着石头过河”。

苏联式社会主义的本质在于它以教条的方式确保价格不应过高，并有意保证所有群体都能获得产品和服务，因此，价格改革是不可能有效的。价格改革一方面是国家将价格提高到供需平衡的水平，另一方面是放松了对价格的管制，并允许它们受自由市场机制的驱动。如果在物价不可避免的上涨过程中，政府还针对生活成本的增加采取补偿措施，则被称为“价格和收入改革”。这种政策主要涉及消费领域，因为生产部门的价格受到国家严格控制，能够在准市场中暂时改善自身状况。这虽然缓解了短缺问题，但没有消除导致这种系统性问题的因素〔科勒德克（Kolodko），1986a；努提（Nuti），1986〕。

① 1989 年就市值而言，波兰大约一半物品的价格已经解除管制。当时，对阿尔巴尼亚或罗马尼亚这样的国家，自由市场价格几乎不存在。

应该补充一点，市场短缺并不等于剥夺家庭的消费机会，因为商品库存在很大程度上从仓库和商店转移到了家庭。举个例子，比如在备受欢迎的命名日，商店里各种各样的伏特加和干香肠零食可能都卖完了，但是在举办聚会的人家里却还剩很多。还必须强调的是，大部分公共服务并不是由市场供给的，这些服务由国家资助并免费提供给大众。在这一经济领域也有短缺，但是自然不会对市场有影响。

更糟糕的是，有些经济体虽然开始逐渐脱离以决策高度集中化和绝对的官僚价格控制[①]为特征的苏联式社会主义模式，但是，以部分价格自由化为特征的改革措施不仅没有消除短缺，还导致了价格上涨。有人强调："只有一个方向的变动存在因果关系，即短缺强化了价格向上浮动的趋势。但是在相反的方向上没有因果关系。物价水平不变、下跌或上涨都可以长期维持一定程度的短缺。短缺的基准会变化，但不是被价格改变，无论是哪一个方向的价格变化都将独自长期改变。"〔科尔内（Kornai），1980〕除了因国家价格控制而产生的抑制性通货膨胀之外，也有开放性通货膨胀。前者导致家庭强制性货币储蓄，而后者

① 此处是指严格意义上的价格而不是广义上的价格，即在市场上交换的消费产品和服务的价值的货币表示，也包括劳动力的价格和利率、外汇的价格（如汇率）。

则导致价格通货膨胀，这是典型的一般价格水平上涨。

同时，在进行改革的社会主义经济中，以上两种现象会同时发生。自由市场经济体系中没有发生过这个现象，资本主义也没有。对于这种部分开放、部分压抑的双重通货膨胀现象，我创造了“短缺通货膨胀”〔科勒德克（Kolodko），1986b〕这个名词，可以与停滞性通货膨胀相类比：在资本主义经济中，停滞或缓慢的生产增长可以与随之而来的失业和通货膨胀并存〔哈伯勒（Haberler），1977〕。停滞性通货膨胀率（SF）通常以失业率（U）加上通货膨胀率（用 CPI 衡量）来表示：

$$SF=U+CPI \quad (6)$$

短缺通货膨胀率（SHF）的严重程度则由短缺总量（SH）和通货膨胀率（用 CPI 衡量）的总和来表示：

$$SHF=SH+CPI \quad (7)$$

对停滞性通货膨胀率（SF）和短缺通货膨胀率（SHF）的比较，虽然颇具争议，但意义重大〔科勒德克－麦克马洪（Kolodko-McMahon），1987〕。停滞性通货膨胀意味着在通货膨胀率和失业率之间进行选择，可以用菲利普斯曲线〔费希尔（Fisher），1973〕描述，而短缺通货膨胀则意味着在通货膨胀率和抑制通货膨胀率之间进行选择，这一现象被描述为短缺通胀曲线。

如果不对衡量短缺率的方法论上的复杂问题深入探

讨，那么这两种情况的分析是合理的，因为它们分别显示了资本主义和社会主义的系统性缺陷。这种现实中的资本主义无法实现理论上的理想状态，如充分就业时的供需平衡。实际上，它充其量只能达到所谓的自然失业率。“自然”这个词让一些人非常恼火，在这个巨大的资本主义浪费中，失业是自然的吗？“直到今天，我每每阅读到那些被尊为经典的描述自然失业率的文章，都会感到气恼（甚至是愤怒）。自然？难道是大自然的森林、野兔、岩石和地震规定了必须要出现失业率？几十年来，我一直对社会主义制度持尖锐批评态度，但是社会主义的支持者和反对者都应该认识到，它的特点是劳动力长期短缺，而不是长期失业和劳动力大量过剩。”〔科尔内（Kornai），2014〕

自然失业率这一术语的提倡者当然不是要将失业与大自然母亲联系起来，他们只是陈述了一个令人不快的事

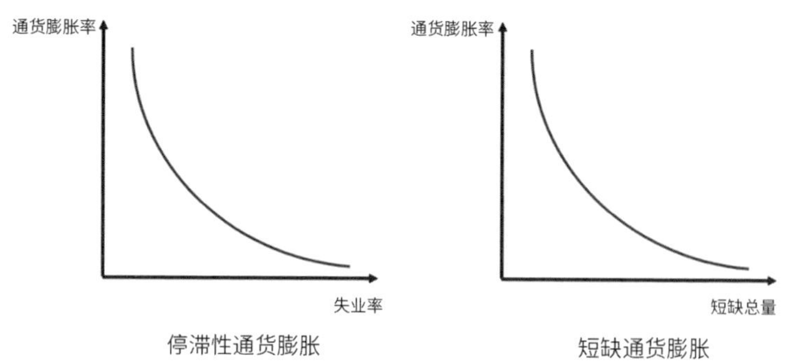

图 4-2：停滞性通货膨胀与短缺通货膨胀

资料来源：作者编制。

实：从资本主义的本质来看，失业始终是它固有的、无处不在的特征。换句话说，这就是它的天性……此外，它也为国家和政府实施的政策提供了某种形式的豁免。就算这些政策未能成功降低失业率也无可厚非，因为这是自然的[①]。同样，按照短缺经济理论，社会主义也自然地会有短缺。换句话说，这就是它的本质。

反对同时存在的排长队和高物价现象，即短缺通货膨胀，建议向自由市场经济过渡，而自由市场经济很快发展成了资本主义经济。我估计在社会主义国家中的大多数人，包括经济学家[②]在内，并没有意识到他们实际上是在赞成用结构性失业代替结构性短缺。后社会主义国家梦想打造一个完全没有通货膨胀和短缺的均衡经济，却有点像梦游仙境的爱丽丝穿过魔镜，从图表的右边穿越到左边，从要在通货膨胀和短缺二者之间做痛苦选择，变成要在通货膨

① 在波兰，面对6%—7%的失业率，或者超过100万人的绝对失业人数，我们会听到有人说，这只是自然的失业，所以不用担心。那些喜欢自称为雇主的资本主义组织的游说者甚至声称实际上没有人失业，完全忘记了那100万没有工作或正在找工作的百姓。这就是失业人数的定义和衡量方法。失业者是那些没有工作并正在寻找工作的人。

② 值得注意的是，在20世纪90年代末的波兰，臭名昭著又不采取补救措施的激进主义者宣布失业人数仅为40万，并且在此后——据说是在经济经过为期一年的温和衰退，GDP下跌3.1%之后——失业率应该会稳定下来，甚至减少。这种不实际的猜测广受抨击（弗里德曼、科勒德克和威利兹，1991）。实际上，波兰的失业率连续增长了五年，1994年总失业人数达到300万，失业率超过18%（科勒德克和努提，1997）。

胀和失业二者之间做另一种痛苦选择。

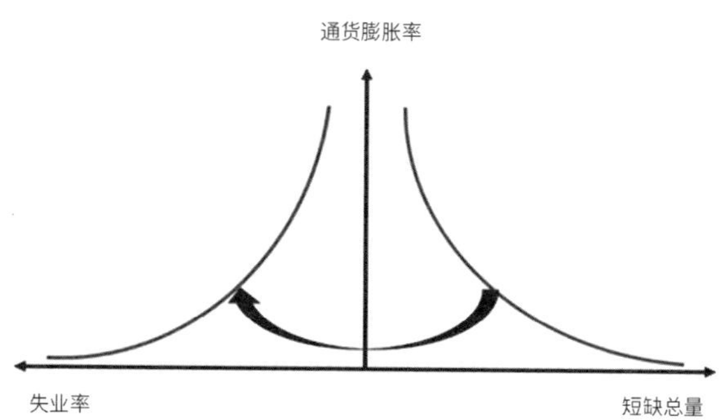

图 4-3：从右边：通货膨胀—短缺转向左边：通货膨胀—失业

资料来源：作者编制。

我们无法停留在 X 轴和 Y 轴的交叉点，也就是无法实现无通胀、无短缺、无失业的状态。因此，我认为应该赞同这样的说法：资本主义只不过是两害相权取其轻。诚然，作为一种制度，它不能保证动态均衡，因为它的特征包括永久性的过剩和制造能力使用不足，而且失业率是其最重要的一项特质。但是反过来说，资本主义保证了更高的经济效益，从而保证了经济更好的长期发展以及人民享有更高的生活水平。

要用一个词来总结苏联式社会主义失败的原因，那这个词一定是短缺通货膨胀。的确，是独裁的发展理念和与全球市场隔绝的政策极大地推动了这一制度的崩塌，同时短缺通货膨胀像癌症一样，侵蚀了这具已经不太健康、高度集中化、官僚化的社会主义经济躯体。因此，社会从对这个政权缺乏认可，逐渐升级为对其完全放弃。正如有些人所指出的，野蛮的通货膨胀会严重削弱企业部门的效率，降低家庭对消费的满意度。尽管消费与整体经济同步增长，但那些国家的社会不再相信社会主义，精英们也彻底放弃了改革的尝试。完善社会主义制度的努力化为徒劳，最终只能放弃或转轨。

软预算约束现象是社会主义经济短缺的根源〔科尔内（Kornai），1980、1986 和 1990〕。如果没有系统地“强化”预算约束，或者银行贷给企业和家庭的资金对生产没有产生影响，那么即使操纵价格也不会减少短缺。国有企业对银行资金的需求并没有与生产和销售联系在一起，能影响生产的资金需求是在生产资料不完全归国家所有的情况下产生的。按照正统派的观点，如果生产资料国有制是社会主义经济的基本特征，那么短缺就是它的内在特征。

在我们这个时代，基本上有一种共识，即在苏联和东欧的社会主义中，生产资料的国家所有制造成软预算约束，软预算约束又引起通货膨胀。这种通货膨胀可能是抑制的，也可能是开放的，基于不同的时间和地点，比如不同的制度和政治环境。现实就是如此，但这一定是不可避免的吗？虽然有些人认为是不可避免，但另一些人认为，市场均衡价格可能在社会主义中实现，无须引入硬预算约束制度〔努提（Nuti），2018〕。那么，如果没有成功实现均衡呢？不成功不是因为制度的内在特征，而在于缺乏相应的经济政策。如果无法通过增加实际供应实现均衡，那么一般说来，政府为了迎合工人阶级和不赞成涨价的群众，可以采取一定的政策措施影响企业和银行的行动，从而化解软预算约束的限制，社会主义中央集权国家的政府则把这种措施看成“恢复”均衡的一种补救办法。在讨论这一问题时，使用“恢复”一词通常意味着这种均衡此前应该存在过，这里需要将“恢复”标上引号，因为所希望的均衡本来就不存在，根本不存在恢复原状的问题。

在苏联和中东欧的社会主义经济中，这些尝试都失败了。它们却在中国、越南〔科尔内（Kornai）和钱（Qian），2009〕以及在非常落后的柬埔寨和老挝成功了。那么，市场均衡价格在社会主义中是否也可以实现呢？究竟是硬预算约束还是软预算约束更奏效呢？中国经济体制演变的结果是什么？会是市场均衡的社会主义吗？更准确地说，会是一个以生产过剩和失业[①]为特征的市场，还是仍部分实行软预算约束的资本主义？

① 中国官方统计的失业率是4%，但很多从农村迁移到城市的居民找不到工作，没有登记失业。官方统计数据不包括他们。2018年3月初，李克强总理在全国人民代表大会期间提出了政府的经济政策目标，首次提出将城市失业率控制在5.5%以内。

三、中国特色社会主义

如今，在中国，人们既可以买到大米，也可以买到最新款的法拉利汽车；在市场健康运行的情况下有钱或者有购买力就足够了，市场是持续平衡的，一直会有能满足需求的供给。重要的是，中国能够成功地走出短缺经济，而没有陷入严重破坏了欧洲社会主义国家经济的短缺通胀之中。目前为止，中国尚未完全实行硬预算约束。最能证明这一点的就是企业部门不断增加的债务，当前企业债务占GDP的比重在170%上下波动。举债的大部分是国有企业或国有控股公司。银行（主要是国有银行）会听从有关部门的建议，向企业发放大量贷款，而那些企业有时很难按时偿还并支付应计利息。

中国这一案例表明，在保持国有企业在经济中的主导地位的同时，通过建立开放的价格体系和弹性的价格政策，是有可能防止短缺综合征的。国有企业在收紧的但仍算不上严格的预算约束下运作。就像在调色盘上，白色和黑色之间有无数种颜色，在软预算约束和硬预算约束之间也有无数种可能性。

自由市场经济是民主的必要但不充分条件。反过来，也有人基于自己的政治立场宣扬民主是自由市场经济不可剥夺的属性，从本质上来说，民主可以提高整体效率，从而有利于经济增长，尽管就其本身而言，市场不能消除不诚信行为，民主也不能避免愚蠢的决定。但撇除政治立场，从科学求真的角度看，这一命题站不住脚。事实上，无论是在微观层面上，在管理一个没人关心民主的企业时，还是在宏观层面上，即经济政策运行中，正确的决策都会促进经济增长。而在当代西方资本主义经济中，宏观经济政策越来越多地被民主争论所纠缠。这样一来，宏观经济政策光是正确还不够（通过民主选举出来的执政者往往并没有推行正确的政策），获得多数人的支持也很重要。

在经济、政治频繁发生剧烈变化的时代，做出决定的速度才是最重要的。应对环境变化的速度在很大程度上影响着管理和经济政策执行的有效性。开明的权威主义对此有着积极的影响，而民主程序需要时间来进行对抗、讨论、谈判，最终达成政治妥协；即使没有拖延，也非常耗时。因为决策机制取决于许多因素，包括程序、组织机构的质量和政治阶层的标准。经验表明，民主本身并不能保证速度，而且民主往往使做出正确决定的过程复杂化。2008 年前后的那场金融危机是由自由民主至上的国家——美国引发的，这绝非偶然。当然，我们不是不应该珍惜民主，我们要珍惜民主，因为民主本身就是一种价值，即使它使采用合理的经济解决方案变得更加困难。同时，这也并不意味着缺少民主就有利于经济增长。

除了新加坡和一些中东国家，如阿拉伯联合酋长国、卡塔尔或阿曼[①]，很难找到其他类似案例，即市场在没有民主的情况下还运作得相当顺利。必须强调的是，这发生在国有经济明显占主导地位的情况下。然而，迄今为止的运行顺利并不意味着将来一定会一直保持这样的良好状态。“阿拉伯之春”运动失败了，但在一些地缘政治博弈地区，这样的运动此起彼伏。

正如韩国、印度尼西亚、新加坡、马来西亚等经济体的数据所揭示的那样，非民主政权的解体虽然值得称赞，但实际上却无助于维持高经济增长率，原因在于它降低了宏观经济政策制定过程的效率和力度，因此这样的解体对经济增长的推进可能和以前相比有所减弱。早些时候，法西斯国家的市场运作得相当顺畅，如希特勒统治的德国〔图兹（Tooze），2007〕和西班牙的佛朗哥政权〔唐森（Townson），2007〕以及20世纪80年代在皮诺切特的法西斯倾向独裁统治下的智利〔比克（Buc），2006〕。而韩国，从1961年朴正熙发起军事政变到1987年的第一次自由选举，约26年的发展过程也很好地证明了开明威权

① 有趣的是，这些国家都是君主制国家，并非君主立宪制。阿拉伯世界的其他君主制国家——从中东的约旦到非洲西北部的摩洛哥，比那些共和制国家做得更好。

主义的确有利于经济扩张。形成这一现象有诸多原因，其中也得益于自上而下的对社会期望的管控，而在民主国家则任由其向不同方向发展。在一个威权体系中，社会期望的相对稳定可以使经济现代化变得更容易，这成为经济增长的一个因素。

中国的政治制度的确具有正面作用。在经济增长方面，中国是人类历史上最伟大的成功典范。如此大规模的经济发展在历史上绝无仅有，未来也不会有太多。中国的例子证明，就社会经济长期持续发展而言，市场与国家之间的适当协同、市场自发性与国家监管的创新性之间的和谐是至关重要的。“适当协同”取决于实际情况，它的定义没有统一标准。鉴于各个国家文化、历史、地缘政治和环境背景的不同，每个国家都必须形成适合自己的协同〔科勒德克（Kolodko），2014a〕。

在这一方面，中国比其他国家做得更好。有趣的是，有些人认为这归功于社会主义，还有些人则宣称中国的成就是在资本主义的体制下取得的。一些人将21世纪头十几年的中国视为社会主义市场经济〔伯杰（Berger）、赵（Cho）和赫斯坦（Herstein），2013〕，还有些人则批判其为裙带资本主义〔裴敏欣（Minxin），2016〕。一些人坚持认为这是正常的社会主义，还有些人开始讨论“中国奇迹”和国家资本主义〔诺顿（Naughton）和蔡（Tsai），2015〕

的关系。那么，中国实行的到底是资本主义还是社会主义呢？

许多人——至少是从马克思及其著作《资本论》开始——将财产关系视为确定社会经济系统性质的决定性标准。从这一标准来看，他们认为资本主义已在中国存在了十几年，因为从经济合作与发展组织（OECD）的数据来看，早在20世纪末，中国已经有很大一部分国民收入来自私营部门。

如果要持续推动结构性的所有权转制，那么现在绝大部分资产都会属于私营部门，生产、就业和预算收入也会与其联系起来。然而，由于私营部门的扩张大概从十年之前开始放缓，所以实际情况并非如此。一方面，因为可以进行非国有化的资产越来越少，私营部门的增长自然就放缓了。另一方面，是因为政府有意限制国有资产私有化的规模，并认为保持国有资产或至少能控制这些资产可以更好地为国家战略服务，归根结底是要为发展和加强社会主义服务。

可以预计，私营部门目前的产量不会超过十年前，而且其GDP占比会在2/3左右波动。官方消息称，私营部门对中国GDP的贡献率超过60%，并提供了超过80%的就业机会。中国国家统计局的数据表明，2017年上半年私营部门投资与上一年同期相比增长了7.2%，占总投资的

表 4-1：中国私营部门和国有部门占比（百分比）

	1998	1999	2000	2001	2002	2003	变化
非农业部门							
私营部门	43.0	45.3	47.7	51.8	54.6	57.1	+14.1
国有部门	57.0	54.7	52.3	48.2	45.4	42.9	-14.1
其中：国家控股	40.5	40.1	39.6	37.1	35.2	34.1	-6.4
混合型控股	16.5	14.7	12.7	11.2	10.1	8.8	-7.7
商业部门							
私营部门	53.5	54.9	56.3	59.4	61.5	63.3	+9.8
国有部门	46.5	45.1	43.7	40.6	38.5	36.7	-9.8
其中：国家控股	33.1	33.0	33.1	31.2	29.9	29.2	-3.9
混合型控股	13.4	12.1	10.6	9.4	8.6	7.5	-5.9
整体经济							
私营部门	50.4	51.5	52.8	55.5	57.4	59.2	+8.8
国有部门	49.6	48.5	47.2	44.5	42.6	40.8	-8.8
其中：国家控股	36.9	37.1	37.3	35.7	34.6	33.7	-3.2
混合型控股	12.7	11.3	10.0	8.8	8.0	7.1	-5.6

资料来源：科尔内（Kornai），2008，149 页 (OECD，2005)。

60.7%。与此同时，国有部门的重要作用不断放大。国有企业资产价值超过 150 万亿人民币（23.1 万亿美元），相当于中国两年的 GDP（按现行市场汇率计算），国有企业研发投入占总研发支出的 25%（《中国日报》，2017a）。中国公私合作发展研究中心旨在促进公私合作（PPP），其报告称，中国在 2017 年共实施了 13.5 万个 PPP 项目，总价值达 16.3 万亿元人民币（2.5 万亿美元）。

我们没有理由质疑这些数据，尤其在我们并没有掌握更好的数据的情况下。但必须强调的是，中国使企业所有权形式的分类体系变得更加复杂。在很多情况下很难明确判断：这到底是私人所有还是国家所有？还存在一系列介于两者之间的混合形式。

区分国有和私营企业的办法往往是约定俗成的。两者之间的区分并不明确，两者的特征和边界也越来越模糊。在这种情况下，我们不仅需要特别关注传统的所有制形式，还要关注管理领域和国有企业治理方面的变化。可能形式上是私人企业而实际的公司治理中有国家的身影，并且也不能排除国有企业（更常见的是混合所有权）由私营企业管理的可能性，而私营企业主要关心的是自己的收入而不是国家的收入，以及应承担的其他责任，如促进就业、保护环境或提高社会凝聚力。

当我在寻找相关分析所需的数据时，一位中国经济学家告诉我："随着公共和私营部门二者逐渐融合，中国不再强调大多数行业的所有权，并且不再发布相关的统计信息。因此，要计算这些部门在 GDP 中的份额并非易事。许多研究为了做出预测，使用的数据信息包括企业数量、固定资产投资、税收、主营业务收入、国有和私营企业的总资产等。"

这些数据反映了不同类型企业在 1978 年至 2016 年间的就业规模及其变化，也说明了中国有多种形式的所有制，包括混合所有制。一些学者认为混合所有制属于私营部门，也有学者更愿意将其归于国有企业。如今，据中国政府的统计，中国共有以下十种所有制：

（1）国有企业；

（2）集体企业；

（3）股份合作企业；

（4）联营企业；

（5）有限责任公司；

（6）股份有限公司；

（7）私营企业；

（8）港澳台企业；

（9）外资企业；

（10）自主就业。

如果没有彻底的分析或对某些定义做出一定的妥协，

在某些情况下，我们无法明确一个企业是属于私有财产还是国有财产。

金融金字塔骗局无疑当属私营部门所为，也被称为庞氏骗局[①]，近年来多次出现。尽管有关部门采取了果断措施，但彻底消除这种情况的努力并不成功；一个倒下了，另一个又出现了。2016—2017 年，金融诈骗组织“善心汇”仅用两年就吸引了多达 500 万名天真的“投资者”。2015 年，“e 租宝”造成了近 10 亿美元的损失。

值得补充的是，自 1978 年邓小平实施经济体制突破性改革以来，中国经济增长的很大一部分是由于非农业部门生产力的提高。然而，如果没有农业的根本变革，这种巨大的经济成功是不可能实现的。尽管如此，农业部门的生产效率提升相比非农业部门还是少很多。这两个过程都伴随着历史上最大的人口迁移，在此期间，数以亿计的农民离开农村，迁往城市。目前，中国城市人口占总人口的 58%。

这意味着多达 42% 的中国人生活在乡村，或者更准确地说，生活在农村地区。农业从业人口有 3.14 亿人，

---

① 查尔斯·庞兹（Carlo Pietro Giovanni Ponzi）是一个意大利人，一百年前在波士顿创造了第一个大型金融金字塔。1920 年，由于损失了 1,500 万美元，金融金字塔倒塌，庞兹被判入狱 3.5 年。对他的再教育并不成功，因为他获释后又建造了一个新的金融金字塔，为此他又入狱了 10 年〔朱科夫（Zuckoff），2006〕。

表 4-2：1978—2016 年中国不同所有制企业的就业情况（单位：万人）

年份	总和	城市城区											农村地区		
		小计	国有企业	集体企业	股份合作企业	联营企业	有限责任公司	股份有限公司	私营企业	港澳台企业	外资企业	自主就业	小计	私人企业	自主就业
1978	40,152	9514	7451	2048								15	30,638		
1980	42,361	10,525	8019	2425								81	31,835		
1985	49,873	12,808	8990	3324		38					6	450	37,065		
1990	64,749	17,041	10,346	3549		96			57	4	62	614	47,708	113	1491
1995	68,065	19,040	11,261	3147		53		317	485	272	241	1560	49,025	471	3054
2000	72,085	23,151	8102	1499	155	42	687	457	1268	310	332	2136	48,934	1139	2934
2001	72,797	24,123	7640	1291	153	45	841	483	1527	326	345	2131	48,674	1187	2529
2002	73,280	25,159	7163	1122	161	45	1083	536	1999	367	391	2269	48,121	1411	2474
2003	73,736	26,230	6876	1000	173	44	1261	592	2545	409	454	2377	47,506	1754	2260
2004	74,264	27,293	6710	897	192	44	1435	625	2994	470	563	2521	46,971	2024	2066
2005	74,647	28,389	6 486	810	188	45	1750	699	3 458	557	688	2 778	46,258	2366	2123
2006	74,978	29,630	6430	764	178	45	1920	741	3954	611	795	3012	45,348	2632	2147
2007	75,321	30,953	6424	718	170	43	2075	788	4581	680	903	3310	44,368	2672	2187
2008	75,564	32,103	6447	662	164	43	2194	840	5124	679	943	3609	43,461	2780	2167
2009	75,828	33,322	6420	618	160	37	2433	956	5544	721	978	4245	42,506	3063	2341
2010	76,105	34,687	6516	597	156	36	2613	1024	6071	770	1053	4467	41,418	3347	2540
2011	76,420	35,914	6704	603	149	37	3269	1183	6912	932	1217	5227	40506	3442	2718
2012	76,704	37,102	6839	589	149	39	3787	1243	7557	969	1246	5643	39,602	3739	2986
2013	76,977	38,240	6365	566	108	25	6069	1721	8242	1397	1566	6142	38,737	4279	3193
2014	77,253	39,310	6312	537	103	22	6315	1751	9857	1393	1562	7009	37 943	4533	3575
2015	77,451	40,410	6208	481	92	20	6389	1798	11,180	1344	1446	7800	37,041	5215	3882
2016	77,603	41,428	6170	453	86	18	6381	1824	12,083	1305	1361	8627	36,175	5914	4235

资料来源：中国国家统计局。

占中国劳动力的40%。然而，农业生产总值仅占GDP的8.2%，这表明劳动效率仍然很低。对经济增长而言，比人口从农业转向工业更重要的是生产资料所有权从国有企业转向私营企业〔拉迪（Lardy），2014；切连穆欣（Cheremukhin），2015〕。

在此要指出一个在分析中经常被忽略的事实，尤其是那些分析中国经济成就的文章常常都忘记了：并不是所有的道路都是成功的。中国内地有在某些方面超过了香港的上海，中国有看起来并不逊于日本大阪的成都，但同时也大范围存在着欠发达或落后的小城镇和农村。一方面，这是几十年来的区域差异性政策的结果，这种政策有利于某些城市地区（主要是东南沿海地区）和出口导向型加工业的快速发展；另一方面，这是全球化利益分配极不均衡的结果。

有趣的是，尽管工业和服务业蓬勃发展，但农业人口数量下降的速度最近却有所放缓。从1997年到2006年的10年间，农业人口减少了1亿，但在接下来的10年，即2007年至2016年，农业人口只减少了2,800万。1996年农业人口占全国人口的36.3%，而20年后，下降到22.8%。

2001年中国加入世界贸易组织时，我坚持认为，中国在政治体制方面实现了一次跨越，为完全的自由市场经济铺平了道路〔科勒德克（Kolodko），2011〕。一些人认为，中国的情况证明了一个国家可以同时作为一个成熟的市场经济体和一个社会主义的市场经济体而存在。

事实证明，通往成熟市场的道路比我们想象的要长，所说的完全成熟的市场经济指的是比中国的更复杂的和制度上更先进的形式。世界贸易组织还没有赋予中国市场经济的地位，尽管绝大多数世贸组织成员国都支持认可中国的市场经济地位，但考虑到美国制造的障碍，实现这一愿望的难度很大。此外，欧盟仍对给予中国正式市场经济地位持保留态度。

那些对中国经济、社会和政治现实持怀疑态度的人指出，中国的一些做法违反了世贸组织市场经济标准，

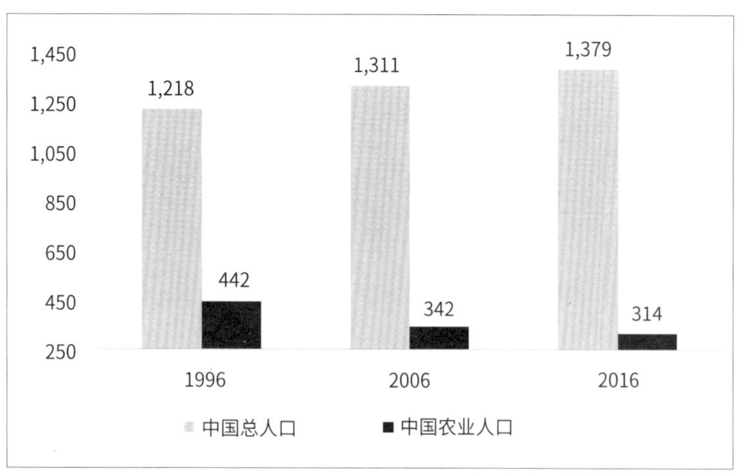

图 4-4：1996—2016 年中国农业人口数量（百万）

资料来源：根据中国国家统计局的数据编制。

例如对汇率的操纵、对组织自由工会和罢工的限制、巨额公司债务、某些部门的产能过剩、不良的市场经济和环境破坏。而其他人则强调中国使数亿人摆脱贫困，并通过利用市场机制，允许社会更广泛地从经济增长的成果中获益。

有些人担心“一带一路”倡议是中国人妄自尊大的表现，而另一些人则强调中国向贫穷经济体提供援助，帮助它们摆脱落后状况，而落后往往是此前的历史原因造成的。

有些人对中国民营高科技企业的发展水平和国际竞争力过于乐观，但另一些人却提出了侵犯知识产权甚至盗窃的各种案例。

有些人认为中国是实用的精英领导体制〔贝尔（Bell），2015〕，另一些人则着重强调它是一种专制的政治制度〔雷根（Ringen），2016〕。这种极端情况在一定程度上是可以理解的，因为中西方在民主、法治或人权等概念的理解上存在着明显的差异，这阻碍了对话的进行，但是对话应该继续下去。

我们对如何定义当代中国制度存有疑虑。有的人则不这么认为，他们的观点是，尽管这仍然是一个有缺陷的市场，但在十多年前，中国已经是资本主义了。他们的判断是：中国并没有经济短缺，因为它已经是一个有着硬预算约束的资本主义国家，私营部门在经济中的主导地位就证明了这一点。

在这个问题上，中国经济学家有不同意见。他们以更加务实而非理想化的方式处理这个问题。随你怎么说，问题的核心是效率和竞争力，而不是意识形态和政治争端。他们认为世贸组织声称中国经济不是市场经济是错误的，因为它显然是一个具有中国特色的市场，其本质和优越性是西方无法完全理解的。

需要从更广泛的视角来看待这个问题，因为私有制在经济中的份额绝不是区分社会主义或资本主义的唯一标准。一个同样重要的问题在于国家的性质和功能，而这些问题会因私人生产和就业水平的不同而有所不同。在一些情况下，私人部门的贡献率在 A 国 GDP 中所占的份额可能比在 B 国更高，但同时，A 国的国家性质、职能、任务和活动可能有更多社会主义的典型要素。要解决这个问题，我们需要从更广泛的角度看，尤其是有必要评估一个国家在经济中的参与范围。

从这个角度来看，可以将国家区分成以下几种类型。考虑到一个国家的任务和职能，除经典社会主义国家外，还能确定其他四种模式〔布洛克（Block），1994〕：

（1）公共物品国家

（2）宏观经济稳定国家

（3）社会权利国家

（4）发展型国家

不用深入分析这些模式，光从它们的名字就可以得出结论，这些特征都存在于中国。前两个模式——提供公共物品和关注宏观经济稳定，无疑也是资本主义国家的责任，即便是新自由主义经济学家也必须同意这一点（尽管他们肯定会就公共物品的范围与社会自由主义同行展开争论）。后两个模式——社会权利和发展政策领域，与社会主义国家的特权有关，或者说与国家资本主义有关〔布雷默（Bremmer），2010〕。这表明在某些情况下，它们之间的区别是多么的不清晰。当然，中国属于这类国家，不像中东的国家资本主义，如沙特阿拉伯，或者中亚的国家资本主义，如哈萨克斯坦。

四、中国何去何从？对其他国家有何意义？

中国正积极参与到陷入困境的全球治理体系变革之中。全球化是不可逆转的，因此未来几年的当务之急是使其重新制度化〔科勒德克（Kolodko），2004a〕。毫无疑问，中国将在这一领域发挥重要作用（兰辛珍，2017），尽管这肯定不是一个“中国特色的全球化”。中国国家主席宣布，中国支持自由贸易和新时代的全球化——不是新自由主义者推动的全球化，而是多边互利的全球化。

中国人从西方引进了一个口号——共赢的全球化，其理念是实现兼容并包的全球化，中国无疑将在未来几十年扮演主要角色。这是提出“一带一路”倡议的目的之一，这一愿景富有远见，涉及国有企业和私营企业。它既不是社会主义的，也不是资本主义的，但肯定是实用的。

从多个角度来看，中国在全球范围内不断增长的经济实力显而易见。但并非所有人都意识到，中国企业也很有活力，在过去十几年间，中国大型企业的结构发生了根本性变化，进入世界 500 强的国有企业数量增加了 3 倍多。

表 4-3：2004—2016 年部分国家入选《财富》世界 500 强的国有企业数量

国家 / 年份	2004	2006	2008	2010	2012	2014	2016
中国	14	22	32	52	72	78	76
巴西	2	2	2	2	2	2	2
法国	6	4	4	3	3	3	3
德国	6	4	5	3	2	2	1
印度	4	5	5	5	5	5	4
日本	2	2	2	2	2	2	2
墨西哥	2	2	2	2	2	2	1
俄罗斯	1	2	3	3	3	4	3
韩国	1	1	1	1	2	2	1

资料来源：历年《财富》世界 500 强，“CNN 财经”。

2004年，在《财富》世界500强上榜的49家国有企业中，有14家中国企业；2016年，101家世界重要的国有企业中，中国企业多达76家。问题又来了：这是社会主义的扩张，还是国家资本主义的扩张呢？

表4-4：2004-2016年世界500强企业名单上国有企业的变化

	名称	2004		2016	
		数值	占比%	数值	占比%
1	企业数量（家）	49	9.8	101	20.2
2	收入（十亿美元）	1,342	8.0	5,959	21.6
3	员工（千人）	8,855	18.4	20,117	30.1
4	净利润（十亿美元）	75.9	8.2	247.0	16.3

资料来源：历年《财富》世界500强，“CNN财经”。

然而，中国的体制改革和相应政策不是要提升中国的国际力量。在可预见的未来，现在和将来最重要的任务是改善国内经济形势。中国国家主席习近平在2017年10月召开的中国共产党第十九次全国代表大会上作报告时，使用“美好生活”一词多达14次。他强调，“中国的社会主义民主是维护人民根本利益的最广泛、最真实、最有效的民主……不能生搬硬套其他国家的政治制度。”他用一句中国俗语补充道：“鞋子合不合脚，自己穿了才知道。”

对强加给中国的太大或太小的鞋子说“不”，意识到自己取得的显著成就和随之而来拥有的力量，同时感觉到其他国家也需要寻找一条有效的发展道路，中国表示可以带路，这也将是一条社会主义道路。习近平提出的“社会主义现代化强国”的目标不仅指导中国避免陷入中等收入陷阱，而且对其他社会主义国家的治理具有借鉴意义。习近平说道：“中国特色社会主义道路、理论、制度、文化不断发展，为其他发展中国家和民族实现现代化开辟了新道路，为其他那些希望在保持独立的同时加快发展的国家和民族提供了新的选择，为解决人类所面临的问题提供了中国智慧和中国方案。”

如果有人发现米尔顿·弗里德曼的思想影响了邓小平的政策〔哈维（Harvey），2005〕，也可以发现波兰 2015 年后的经济政策受了中国经济学家林毅夫的经济思想的影响。这样的发现并不完全是荒谬的，因为我们可以看到经济思想传播的迹象。事实上，因为多年的科学合作，林毅夫的新结构经济学的一些内容也受到了波兰新实用主义的启发。

我们可以看到，在高度多样化的经济结构和发展水平中，关于国有部门和私营部门、市场和经济政策、管制和自发性、技术和文化和谐共存的经济思想正在有趣地循环着。林毅夫[①]十分关注发展经济学，试图把发展经济学推上正轨，他比我在新实用主义中扮演的角色更为重要，而这两种经济学都突出了一点，即应当在相关背景下提出具体的经济政策建议〔科勒德克（Kolodko），2011b；林毅夫，2012b〕。能够在自己的国家批判性地、创造性地借鉴另一个国家的经济思想，没有什么错，例如中国从波兰的反思中学习并借鉴经验，反之亦然。

"新时代中国特色社会主义"已经开始，"社会主义现代化强国"正在建设。我们从中共中央的文件和官方资料中无法知道太多关于创造这一光明未来的细节，但我们了解到，中国将在2020年全面建成小康社会，2035年基本实现社会主义现代化，到2050年，中国将建成一个"富强、民主、文明、和谐、美丽的社会主义现代化强国"。每个人都应感到幸运。

我认为，对中国（主要是对中国，但不仅仅是对中国）资本主义和社会主义的研究正在变得越来越没有成效，还会使我们误入歧途。如果说生产资料所有权对经济运行方式至关重要，那么文化、知识、制度和政策在经济运行中也同样重要。

---

① 林毅夫，北京大学教授，2008年至2012年任世界银行高级副行长兼首席经济学家，2006至2010年任由我负责的波兰华沙考明斯基大学转型、一体化与全球经济研究所（TIGER研究所）科学顾问委员会委员。

一些中国经济学家（林毅夫，2004，2012a；黄育川，2017）以及具有批判性思维的外部观察员〔雅克（Jacques），2009；穆迪（Moody），2017〕的观点是有道理的，他们分析了中国的差异化特征，并试图在避免对社会主义和资本主义体制分类的情况下，解释中国发生了什么，又为什么会发生这样的情况。在为中国新实用主义提供实际建议时，我本人倾向于这个观点〔科勒德克（Kolodko），2017〕：问题的关键不在于解决存在的分歧，而在于对此提出挑战并用社会主义和资本主义的结合体取而代之，即不是单纯的社会主义或资本主义。

中国领导人强调，“中国特色社会主义是社会主义，而不是其他主义。”的确，中国顺应了这种势头。现在，中华人民共和国宪法第一条已经强调了这一点，其中规定：“社会主义制度是中华人民共和国的基本制度。中国共产党的领导是中国特色社会主义最本质的特征。”

我认为，资本主义与社会主义之间的争论，从一方面看，是第一次冷战时期的遗留问题。在那个时期，苏联式社会主义显然已经失败，资本主义明显赢得了胜利。然而，这并不意味着历史的终结〔福山（Fukuyama），1989〕，因为只要我们被利益冲突和随之而来的其他冲突所包围，历史就会与我们同在。在黑格尔哲学中〔黑格尔（Hegel），1956〕，思想在推动历史方面具有决定性的作用，但在中国的实践中，利益显然已经开始占据上风。从另一方面看，这并不意味着这两种制度必然不可避免地永久对抗，这种精神枷锁也许可以被打破。

前段时间，关于三种可选的制度性大趋势和大变革引起了热烈的讨论：

——发散性

——颠覆性

——趋同性

第一种情况是资本主义和社会主义这两种对立的制度共存，而如何实现和平共存将是未来面临的主要挑战。在第二种情况中，一种制度主宰另一种制度，虽然许多东方人一度相信社会主义将占主导地位，但总要看现实在如何发展。在第三种情况下会发生制度趋同，每种制度都会吸收并同化另一种制度中的某些元素，因此在长期的历史过程中它们会变得相似。当然，既有资本主义从各个方面渗透到社会主义，也有社会主义从各个方面渗透到资本主义。

五、第三种主义

毫无疑问，中国在很大程度上限制了国家所有权的范围，尽管它在银行业仍占主导地位。与此同时，国有部门和私营部门之间的划分似乎也模糊不清。当然，毛泽东时代试图强加的那种平均主义已经不存在了。经济在国内和国际市场都受到纪律约束，但与此同时，由于采用传统的经济政策手段〔丁伯根（Tinbergen），1956〕，国家还会控制经济过程，如财政和货币政策、利率和汇率管理、价格制定和国有企业投资，以及某些形式的直接干预。这就是为什么一些人声称中国是一个正在经历从社会主义后续形式向市场资本主义转变的经济体。

在美国总统理查德·尼克松于 1972 年对中国进行的里程碑式访问中，亨利·基辛格向周恩来总理问起了法国大革命对中国的影响。显然，基辛格是指 1789 年的法国大革命。周恩来回答道："现在说还为时过早。"这个答案在历史上被当作一个例子，说明中国人拥有从长期的（即历史过程的）角度看待事物的独特能力。但事实上，由于翻译不精确，周恩来认为基辛格提到的是 1968 年的学生示威活动。几年之后，美国国务院的翻译人员查斯·弗里曼才发现存在误解，但他决定不解决这个问题，因为它

“太原汁原味了，无法进行修正”。虽然这个传奇的答案再也不能被视为中国从长期角度看待事物的证据，但这种品质绝对是深深植根于中国人思想中的。按照这种思路，现在判断苏联解体和欧洲后社会主义转型对中国未来之路的影响还为时尚早。

如今，中国正处于一种趋同状态。它正在经历一个逐渐向现实社会和经济灌输与资本主义有关的基本内容的过程。可以说，这是一种中国主义。我们被困在一个尖锐而又不该有的选择中，要我们选择社会主义或资本主义，这是一个精神陷阱。我们需要摆脱这个陷阱，因为出现了与这两种主义存在系统性差异的第三种主义；虽然它非常不同，但就其性质而言，并非完全没有这两种制度的要素。我们还可以回想起在没有资本主义、社会主义的遥远时代，古代中国有“天人合一”的观念，孔子等先贤早就在思考可持续性与和谐的伦理思想。当我们回到当代，会发现事实上中国主义中就蕴含了这一古老思想中的诸多元素。

人类不会抛弃一些特定的价值观，这些价值观因时因地而异，它们引导着人类社会的经济活动，也强调关注动态平衡。然而从经济角度来看，最重要的就是有效性和实用主义。这就是邓小平所说的：“不管黑猫白猫，捉到老鼠就是好猫。”

这就是第三种主义。

第五章

化解危机的秘方

Will China Save the World?

中国能否拯救世界？

一、为了少数人利益，牺牲多数人利益

尽管当新自由主义导致了广泛的金融和经济危机，随后又引发了社会和政治危机时，人们弃之如糟粕，但今天，这种新自由主义又重新抬头。在这动荡世界的许多地方，新自由主义曾经发挥过很好的作用，后来却被新的民族主义和民粹主义所取代，更奇怪的是，右翼比左翼更能接受这一变化。不能用邪恶来对抗邪恶，也不能用荒谬来解决另一种荒谬。人们必须做出更大的努力来提供一些新的、进步的和具有社会吸引力的东西来取代这两种有害的经济和政治制度，以及在这一制度体系下制定的有缺陷的经济政策。毋庸置疑，新实用主义就是一个新的提议，但远未盛行（如果它确实能够盛行的话）。

中国提出的，有点像中国主义，但绝非新自由主

义。[①]我们必须承认，邓小平放开了经济，但与新自由主义毫无关系，因为他并不是想让一部分人的富裕建立在其他人努力的基础之上。此外，他绝对不会把国家的主要特权交给资本和自由市场。与此相反，他的目标是利用其机制来让国家更有效地管理经济。正是他的改革帮助国家摆脱了专制的发展体系〔傅高义（Vogel），2013〕，而尽管苏联和东欧经济体在制度和政策方面更为灵活，也无法实现这一目标。

在世界范围内，不同地区的情况各不相同。当中国正在巩固改革、平衡经济并试图尽可能长时间地维持较强发展动力时，美国似乎并没从自己的错误中汲取教训。中国知道如何吸取前车之鉴，而美国却不知道总结教训，未来可能还会自食其果。

现在距离那次灾难性的经济危机（2008到2009年爆发于金融关系密切的美英两国，随后蔓延全球）已有十年，专业人士都认定新自由主义是危机暴发的主要原因。新自由主义是一种意识形态、经济学流派，最重要的是，它严重依赖自由，强调自由选择、民主、企业家精神和竞争等自由主义观念，偏袒精英阶层而不顾其他人的利益。它被

① 有趣的是，牛津大学出版社发行的《新自由主义简史》（哈维，2005）一书的封面用的是罗纳德·里根、邓小平、奥古斯托·皮诺切特和玛格丽特·撒切尔的照片。

进一步推动：放松经济管制使劳动阶层在资本世界中处于不利地位；通过经济金融化使其在20世纪末21世纪初发展到了荒谬的程度；通过操纵财政再分配使富裕阶层获益。1986年，在罗纳德·里根担任总统期间臭名昭著的税制改革也推进了这一进程。

我想指出的是，1979年，当里根竞选总统时（1981—1989年担任总统），美国平均每小时工资是18.78美元（以2008年美元的固定价格计算），2008年，当经济危机爆发时，平均每小时工资更低了，才18.52美元！无论劳动效率大幅提高了多少，国民收入并未增长。新自由主义付诸实践的结果是，那些不富裕人群的工作大大增加了国民财富，但他们被牺牲掉了，增加的财富被较富裕群体所占有。还有些事实也证明了这一点，例如，1970至2010年，美国企业利润占GDP的比例增加了近10个百分点，而工资所占比例却下降了，从超过53%降到低于44%。

虽然在1979年到2007年危机之前将近三十年的时间里，美国财富位列前1%的人的净收入（扣除税收和预算的转移性收入后）增加了大约280%，而占总人口1/5的社会贫穷人群的净收入只增加了大约20%。这每年0.6%的增长真是少得可怜，这么小的增幅实际上民众都感觉不到。难怪美国的收入不平等愈演愈烈，而它是所有资本主义国家中最富裕的。

由于收入不平等不断加剧，穷人在更多领域被社会排斥，使得人们产生不满情绪，走上街头，占领了华尔街。情况愈加恶化，部分政治精英、媒体和“著名经济学家”显现出一种令人恼火的冷淡态度，他们试图将收入和财富不平等问题归咎于新自由主义的实践，即在当前的技术革命和全球化进程中实施的引导性政策。这样一来，一部分不满情绪就巧妙地集中到了外国人身上，即转移到其他国家和移民身上，例如转移到中国人、墨西哥人以及穆斯林或东欧人身上，并最终集中到了全球化上；而另一部分不满情绪则集中到本国企业身上，它们确实应该受到指责。事实证明，这带来了仇外心理、保护主义和反全球化思想。我们需要对当前的经济格局及其成因做出正确判断，但遗憾的是，上次全球危机的始作俑者世界上最强大的经济体美国——没有这样做。

事实上，特朗普上台一年来，犯的错误比里根“犯”的错误还要大。因为这次的“飞蛾扑火”发生在上次经济危机之后，人人都应该变得更聪明些。除非我们假设新自由主义者不是不聪明，而是自私自利，否则他们也应该吸取前车之鉴，充分意识到自己的决定对贫穷的大多数人造成了多么糟糕的后果。不幸的是，特朗普在大张旗鼓地实行新自由主义财政政策和民粹主义贸易政策，把新自由主义的贪得无厌和民粹主义的天真幼稚结合在一起，这对理性思考和实践行动都极为有害。

事实证明，虽然你不可能两次踏入同一条河流，但两次掉进同一个泥潭是绝对可能的。正如他们所说，这就是美国人在国会推行“历史性”税法所走的路。我之所以说“推行”，是因为共和党在投票当晚仅以一票的优势击败了民主党反对派：他们收买参议员来换取让步①。

一边是共和党人宣传他们的成功，特朗普总统在他的推特上大喊：“就业，就业，就业！”他说，“这次结果将说明一切，很快就会有效果。”另一边是民主党人一致抗议刚通过的税法，猛烈抨击称这是“侵犯”，是“骗局”。〔《纽约时报》(*New York Times*)，2017〕好吧，也许这并不算侵犯，因为一切都是在法律允许的范围内完成的，没有违反宪法，这似乎应该是道德上的骗局。

人们可以感受到事态的发展，因为只有27%的美国人支持新税法，多达52%的人则反对这个已在实施的解决方案。人们更信任非党派专家的务实论据，而不相信有偏见的亲政府专家和经济学家，因为他们已经被新自由主义政客说服了。他们声称降低公司税收、CIT（法人所得

---

① 英国广播公司新闻网的评论员指出：“法案中也有很多针对性条款。赛马场主、赛车跑道经营者、戏剧创作者和朗姆酒进口商都会得到一份迟到的圣诞礼物。”

税）和独立机构（包括政府机构，有些还很显著）税收会促进经济大幅增长，但到2027年，额外GDP增长预估只有0.4%—0.9%，几乎没什么增长。据美国国会研究局分析，CIT降低10个百分点（法案将其降低14个百分点，从35%降低到21%）时，每年只能使GDP长期增长率提高0.15%。

二、合法但是不道德

那么这场战斗的意义是什么？所谓的意义又意味着什么？打着现在流行的“为公司减税”的旗号，让其他变革也能一起推行，让本就富裕的阶层更加富裕。我当波兰副总理兼财政部长期间，曾经主持过减税，包括CIT，那是一次彻底而谨慎的减税改革：第一次将税率从我刚上任时的40%降至32%，这发生在“休克疗法”实施之后。2002年我再次上任，税率从28%下降到现在的19%，这是在经济遇冷之后。我们的减税过程不仅有财政政策调整，还有其他方面的政策变化，这不仅促进了资本形成和投资发展，还改善了收入分配和提升了人力资本。经济增长速度加快，收入不平等程度下降，长期公共债务没有增加。美国的情形就大不相同了，虽然 CIT 等税收的减免有助于减少经济系统的扭曲，但它并不会实质性地使经济增速，也不会降低失业率，反而会加剧收入不平等和增加债务。

美国税制改革的发起者和支持者处理不可避免的预算赤字增长以及随之增加的公共债务的方式令人困惑，这是一个很大的数字。他们指望中国的预算盈余为其提供资金，就像现在这样。美国政府债券已经占中国外汇储备的很大一部分。当美国发生预算赤字或需要借新债以偿还部分到期债券时，政府就会发行债券，这对其他有预算盈余的国家来说是一种极具吸引力的债务担保，而中国总是有盈余。尽管现在美国债券的利率非常低，但人们普遍认为它是一种安全的投资，因此，它还是具有一定的吸引力。其实这种观念有些天真幼稚，因为美国不可能永远能保持严重失衡的状态。

除了那些为共和党财政方案辩护的人外，人们基本达成了共识，即在未来十年内，美国公共债务将增加 1.5 万亿美元。美国目前积累的债务已超过 20 万亿美元，比美国 GDP[①] 高 7%。一位并非反美极端主义者的专业评论员讽刺说，虽然共和党声称支持“小政府”，但这笔巨额债务

---

① 相比之下，按市场汇率计算，美国的公共债务几乎是中国 GDP 的两倍。

“将会继续扩大，就好像一个中年人在犹豫自己是运动还是节食，但最后选择待在沙发上继续吃，他会越来越胖”〔泽克（Zurcher），2018〕。显然，在这种情况下，美联储可能会更积极地提高利率，这自然会削弱投资倾向，并减缓经济增长。

民主党人则希望那些被政府宣传所误导的纳税人迅速察觉出新自由主义行为，并在2018年秋天投票剥夺共和党人在美国国会两院（参议院和众议院）的多数席位。按照新的税收组合政策，在未来几年，降低和减免税收将使绝大多数纳税人受益，包括大量的不太富裕的中产阶级纳税人。但是，对他们的税收削减将在2025年停止，然后他们将为富人的减税而买单，而这是没有时间限制的。还有一点，这将发生在下次总统选举、国会选举和地方选举之后。总的来说，在2018到2027年的9年中，后期的高税收，即2026年到2027年规定的高税收，将抵消2018年到2025年的获利。2025年后，多达53%的纳税人将会向国税局缴纳更多税费，他们来自税率较低的低收入家庭。

公正的分析师已计算出这场改革的最大受益者会是最富裕的那群人，包括富有的跨国公司和商业地产所有者。那些推动税改方案的人一定很有勇气接受指责，居然在过去的40多年里，都没怎么给那些占人口总数20%

的最贫穷的人群减税。据估计，到2027年，这20%最贫穷的人群所享受的减税红利仅为人均10美元，而那些1‰的最有钱的人则享受高达人均278,000美元的税收红利。

因此，事实证明，尽管最近出现了危机，新自由主义显然还没有被打败，美国经济会遭受一场更大的危机，这场危机迟早会爆发。当公共财政失衡扰乱到实体经济中的生产、投资和消费时，危机就会爆发。更糟糕的是，考虑到整体经济、社会关系以及文化和政治背景，不排除美国会发生重大社会动荡的可能。事实上，不时举行的民主选举和在社交媒体上发表一些用来缓解压力的对立言论，可能都不足以缓解这种紧张情绪。

不仅是美国的私营企业，其他国家也会受影响。虽然美国在世界经济中的相对重要性将逐渐下降，但在未来几十年内，美国仍是世界金融的中心，在可预见的未来，美元仍是主要的储备货币。这就是为什么其他国家也会为过度的新自由主义政策付出代价。

如果美国经济再次大幅下滑，没有中国的参与将难以为其巨额公共债务找到更好的买家。人们需要事先了解这种情形的所有后果，而中国已经对如何处理外汇储备提出了更好的办法。它将不为美国的赤字提供资金来维持美国的生活水平——中国在硬预算约束的情况下也无法融资——资金将用于投资其他国家的基础设施建设项目。发展经济学家，特别是这些国家的人们不应该为此担心，反之，这着实令人高兴。但是对于美国的战略家来说呢，美国优先！这是认真的吗？

第六章

中国人会问什么？

Will China Save the World?

中国能否拯救世界？

一、在正确时间提出正确问题

有时，我们提出的问题会比我们给出的答案更为有趣。他人的提问往往是带有启发性的，我们能从中了解到他人感兴趣的内容以及原因。因此，我总是专心致志地倾听问题、构思问题、提出问题。我在中国也是如此。

过去三十年，我屡次到访中国，发现那些来自学术界和政府部门的专业人士都具备提出恰当问题的能力，提问所选择的时间也非常恰当。在20个世纪90年代初期，他们询问我为什么波兰80年代的改革失败了。波兰失败的症结是因为未能摆脱短缺通货膨胀，而中国人当时已经有能力从通过不同渠道获取的答案中总结出有效结论。

在十年后的21世纪初，他们关注国有企业转制的各种做法及其结果，而波兰对他们来说是重要的参考样本，毕竟，波兰是这项改革最重要的试验田之一。中国人很聪明！波兰为这项改革做了各种尝试并付出巨大的代价，有时是成功的创新，但有时也是无效的，而后来者则不必重复那些已经被验证过的无效的试验。

又过了十年，他们开始找寻能够逐步实现利率自由化并且向自由市场过渡的方式。最近，他们一直研究汇率自由化、行政分权以及公私合营的具体组织形式等问题。随着中国的经济越来越活跃，他们越来越密切地关注着波兰周边的中东欧的动态。

中国有优秀的研究中心网络。研究中心通常设立在大学里，也有很多一流的研究中心是单独设立的。中国人喜欢把它们称为智库，而在中国，智囊从古至今都发挥着重要作用。毋庸置疑，大多数研究中心聚集在首都北京，也有很多设在上海、成都、武汉、海口、杭州、天津等地。在我的印象中，研究中心在工作的安排和协调方面都做得很好，这使得中央和地方政府施政时能得到大量稳定而有价值的分析与建议。

二、学生想知道什么？

政府根据决策需要来提问，而学生则根据兴趣来问问题。在北京的大学做讲座时，我认真地记下了学生向我提出的所有问题。我把这些问题分门别类，来看看学生们到底对什么感兴趣。学生提的问题有：

关于全球化和经济战略

应该如何定义全球化，这是一个从罗马时代就开始持续的进程还是仅是当代的？

是每个国家都注定走向全球化，还是它只是依赖国家特定的经济政策？

在全球化的背景下，马克思的思想会变得更有影响力还是相反？

在“全球智库峰会”上，你觉得什么话题最有趣？

关于发展战略和新实用主义

一个普通人在创造美好世界中扮演什么样的角色？

技术进步在多大程度上有助于解决与不平等、生态和安全相关的问题？

新的实用主义与“白猫黑猫论”指导下的中国经济战略有什么不同？

你强调经济、社会和生态平衡的必要性，实现三重平衡的主要障碍是什么，如何克服？

关于区域一体化和国际组织

考虑到跨太平洋伙伴关系协定（TPP）和跨大西洋贸易和投资伙伴关系协定（TTIP）[1]等，全球化和区域化究竟哪个过程更重要？

哪个提议更为重要：跨太平洋伙伴关系协定（TPP）还是“一带一路”（BRI）？

你对亚洲基础设施投资银行（AIIB）有什么看法？

你对“一带一路”有何看法，中国在这方面将遇到什么样的问题？

一直有关于新欧洲和旧欧洲的讨论，这两者之间是否存在金融或政治上的区隔？

关于政治转型及其结果

你对“华盛顿共识”和“休克疗法”有什么看法？

“新欧洲”在欧盟一体化进程中受到了什么样的冲击，又取得了什么利益？

如何评价波兰经济转型的进程，是否可以认为这个过

① TTIP 的主要目标是创造一个包括欧盟和美国的巨大的自由贸易区。关于它的谈判从 2013 年就已经开始，但是由于美国总统唐纳德·特朗普提倡保护主义而不是自由贸易，这个概念化的项目一直悬而未决。

程已经完成？

中国能从波兰和中东欧国家这几年的经验中学到什么？

匈牙利实行转型政策是在开倒车吗？

东欧的地缘政治对其他转型国家经济与政治发展有什么影响？

转型成功后，中欧和东欧国家在国际舞台上的地位有何变化？

关于中国

中国会对世界构成威胁吗？

一方面，人们常说中国很快会成为全世界最大的经济体，但另一面，关于中国经济弊病的言论也层出不穷。你会如何评论？

中国会超过美国吗，这将对全球造成什么后果？

中国经济未来十年是否能保持高速增长？

中国经济高速增长对中国和世界都有利，如何保持？

人民币会被纳入特别提款权的货币篮子[①]吗，这对中国来说重要吗？

我们应该如何解决中国收入差距的问题，这是可实现的吗？

腐败是否是中国最重要的问题之一？

当代中国可以从波兰、新加坡等小国家的经验中吸取什么教训？

关于欧洲和波兰

中欧和东欧国家在再工业化方面的进展如何？

波兰的中产阶级与中国的中等收入群体相比情况如何？怎样才能使收入分配更加公平？

工资在波兰 GDP 中所占的比例是多少？

波兰总统和议会选举会使经济政策产生什么变化？开放和自由化的波兰金融体系是如何应对 2008 年金融危机后的变化的？欧洲和美国对俄罗斯施加的制裁对波兰经济

① 特别提款权 SDR，又称“纸黄金”，是一个国际非现金结算单位，由国际货币基金组织设立。中国的货币——人民币成为 SDR 篮子的一部分是在 2016 年，2016—2020 年在该系统权重为 10.92%。对于剩余的货币，美元权重为 41.73%，欧元为 30.93%，英镑为 8.09%，日元为 8.33%。值得补充的是，将人民币纳入特别提款权体系主要是以损失欧元为代价的，欧元在货币篮子中的份额减少了 6.5 个百分点（2011—2015 年为 37.4%）。

有何影响？

关于中国与波兰、中东欧国家的贸易关系

中国与中东欧国家关系的现状如何，今后将如何发展？

如何评价波兰与中国经贸合作的发展现状？

波兰新政府上台后，波兰与中国两国贸易合作的前景如何？

关于希腊和乌克兰

如何看待希腊危机的现状？

中国应该关注希腊问题吗？

希腊会退出欧元区吗？

如何看待乌克兰的危机和冲突？

三、中国的一系列问题

中国人提的问题是非常丰富和全面的，我所罗列的问题不能代表所有的，我只是回顾了一下我遇到的教授与学生更感兴趣的问题。他们所询问的就是他们有过思考和讨论的话题，因为他们想要知道这些问题背后的前因后果，想知道其他地方发生的事情，尤其是与中国有关的。

中国现在一共有 2,700 万名在校大学生，比罗马尼亚和斯洛伐克的人口总和还要多。约 55 万的中国年轻人正在国外读书。他们不仅是为了获得在不断发展的经济中所需要的知识和专业技能，同时也为了能够更有效地理解他人以及与他人沟通。大多数中国留学生都在欧美地区学习，其中在美国的有 33 万人。重要的是，在那里的中国学生充满了好奇心，每次我在美国大学演讲都会回答他们的问题。他们很活跃。有 80% 的留学生在获得学位后返回中国。

为了确保回国留学生的比重不断上升，中国正在鼓励海外留学人才回国工作。他们之中有一部分人本来只是为了出国求学，毕业后却在留学的国家得到高薪的工作机会。换言之，中国正在防止人才流失。我们假设在美国读完本科、硕士课程需要五年时间，假设中国学生都攻读这样的学位，那么每年大约有 6.5 万人毕业。如果 1/5 的人没有回来，这意味着每年有约 1.3 万名受过良好教育、精力充沛、富有创新精神的年轻员工会去改善美国的就业市场。这明显有利于提升美国的人力资本，而对于中国的社会与经济都是巨大的损失。尤其是大部分来自中国的留学生并没有获得美国奖学金，需要支付高昂的留学费用。

生活带给我们诸多疑惑，也就会有源源不断的提问和回答。我们在学生所提问题的背后，一方面看到他们有大量的知识储备，另一方面是他们求证和扩展知识的意愿。中国和世界其他地方一样，许多问题源于对这些事件的公开描述，尤其是媒体对各类事件的描述。聆听学生的提问时，我可以很容易地知道他们读的是什么书，他们通过哪些媒体来了解时事，以及他们的老师向他们传递的观点是受什么媒体的影响，最终这些信息被学生内化为他们自己的观点。

对于专业人士探讨的经济问题而言，回答现实问题要有理论知识和严谨分析的支撑。可惜，理论和实践通常是脱节的。总的来说，老师们的能力很强，他们善于应对各种复杂的难题。同时，人们也逐渐意识到，经济学家给出的答案对于政治家来说却可能是个问题。要想同时满足经济和政策的要求，还要有尽量充分的理论支撑，这个难度是很大的。所以，对于现实问题的解答，尽管已经符合施政者的一般要求，却往往达不到大学学术研究的标准。

第七章

中国特色的新实用主义

Will China Save the World ?

中国能否拯救世界？

一、远见而非幻觉

中国国家主席习近平提倡全球化，这有助于世界经济的长远发展。而美国总统唐纳德·特朗普不仅不为全球化服务，甚至对世界经济的发展构成威胁。他的一些举措或许能够在短期内使得美国经济复苏，但从长远来看，有损世界经济的发展。这些举措一旦推行，必将加剧经济失衡的局面，包括新的预算赤字和公共债务。在某些人看来，“特朗普经济学”是当今的“里根经济学”，但这只是一种错觉。35 年前，“里根经济学”是新自由主义的产物，新自由主义的不利影响只有在实施之后才逐步显现。随着时间的推移，特朗普经济民族主义的弊端也会越来越明显。

每年 4% 的 GDP 增长只是美国总统的空想，而“一带一路”却是中国领导人现实的倡议，这个倡议会将中国更进一步纳入到全球化的进程当中。并且，这是一次更具包容性的尝试。相比美国总统不切实际的幻想，中国领导人似乎更具远见。这与半个世纪前的状况完全相反。这种反差将会对未来世界产生巨大的影响。

一个典型的对比是，美国第45任新总统在国会山发表就职演说时高呼美国优先的口号，而在达沃斯世界经济论坛上，中国国家主席呼吁捍卫自由贸易，并警告说，在特朗普威胁发动的贸易战中不可能有赢家。这让我们更进一步思考：如果真的指责中国操纵货币并对美国购买的中国商品征收惩罚性的高关税而引发贸易战争，中国遭受的损失也将小于美国。

习近平主席与法国总统埃马纽埃尔·马克龙在一次电话交谈中表示中国将会履行《巴黎气候协定》。该协定在2015年12月的巴黎气候变化大会上通过，旨在通过控制温室气体排放来限制气候的变化。特朗普总统却坚持让美国退出这个通过诸多努力才得以达成的《巴黎气候协定》。

到21世纪末，中国暂时不能成为一个真正的“全球中央国家”，未来也不会有这样的说法，虽然中国按购买力平价计算的GDP达到21.3万亿美元，已经比美国高出近15%（但按市场汇率计算，美国GDP为18.6万亿美元，比中国高出了63%），比包括英国在内的欧盟高出了11%（按市场汇率计算，欧盟的GDP为16.3万亿美元，比中国的GDP高出近43%），但是不要忘记，中国仍有28.3%的农业人口和29.3%[①] 的产业工人。

我们应该记住，中国是世界上最大的出口国，也是仅次于美国的第二大进口国。中国大陆已经积累了世界上最多的外汇储备，超过了排在中国大陆之后的日本、瑞士、沙特阿拉伯和中国台湾所持有的外汇储备的总和。如果我们放眼未来，中国大陆的外汇储备再加上中国台湾和中国香港的外汇储备，这个“巨大”的外汇储备将会超过俄罗斯、印度、韩国三国外汇储备的总和。

这说明中国不仅有足够的资金来维护本国经济的稳定，同时有充足的资金用作境外投资。中国已经这样做了，国外在华直接投资累计已达1.46万亿美元，而中国的境外直接投资也已高达1.29万亿美元。自2015年以来，中国在其他国家的对外直接投资一直高于外国在中国的投资。令人不解的是，一些人积极寻求中国资本的投资，另一些人指责中国怀有新殖民主义的野心。后者的言论并不存在任何威胁，我们需要重申的是：中国的对外经济扩张主要是解决国内经济问题。

在现阶段的改革中，对外投资确实是一个确保经济高速增长，从而提高人民收入并遏制农村人口向城市大规模移徙的方法。值得补充的是，快速的收入增长速度也有助

---

① 相比之下，美国在农业、林业和渔业方面的雇员仅占其劳动力的0.7%，20.3%的雇员从事工业，多达79%的雇员从事服务业。

于维持社会秩序。当被问及相关问题时，中国经济学家回答道，如果没有其他的原因，由经济停滞和独裁政权引发的类似“阿拉伯之春”革命发生在中国的可能性几乎为零。

美国人的储蓄占国民收入的 17.6%（欧盟占 21.4%），而中国的储蓄占比高达 46%。这个数字太高了，尽管中国正试图缓慢降低国民的储蓄比例，并提高国民的消费支出，但中国仍有大量流动资金可以用作国内外投资。这也难怪全世界都想吸纳中国资本。新丝绸之路，使得中国的触角能抵达中东欧，而这股潮流也将加快“一带一路”的建设步伐，从北部的爱沙尼亚和拉脱维亚，到中部的捷克和斯洛伐克，一直到南部的阿尔巴尼亚和马其顿，都在影响范围内。在这些地区中，波兰是最大的经济体，目前它所积累的中国直接投资虽少于罗马尼亚和匈牙利，但 2016 年波兰吸收的中国直接投资已经超过 5 亿美元，这一数字还在不断上升。

二、“16+1 合作”

中国进入国际舞台是明智之举。“一带一路”也是明智之举，这是有史以来最大的国际合作项目，合作的国家约占全球产量的2/5，占世界人口的2/3。在这些合作国家中，人们期望很高，政府也对此项目寄予厚望。也许有些预期能得到满足，但也存在着令人失望的可能性。这是因为“一带一路”仍处于起步阶段，也没有完善的规则细节，存在很大的不确定性，并且缺乏具体的条款。就以波兰为例，一些人把目光放在了与中方达成巨额交易上，想要与中国合作建设价值100亿美元、配备有庞大机场和各式陆港联运设施的中央通信港。但这通常是一厢情愿的想法，并不符合中国的合作意愿。

毋庸置疑，中国对建设通往欧洲发达市场的基础设施充满了热情，东欧的一些后发经济体因而成为中国基建投资的重要目的地。考虑到政治原因，中国没有忽视其中任何一个国家，但同时并不太在乎波罗的海和亚得里亚海之间的经济体（因为从中国的角度来看，这些经济体都很小），中国把它们统统放在一起，共有16个国家。再加上中国，“16+1”倡议由此而来。

当然，不是所有的东欧国家都包括在内。让我们先忽略地图上巴尔干半岛地区那一小块未加入“16+1”的科索沃。科索沃于2008年宣布独立，但到目前为止还没有得到中国和另一个联合国常任理事国俄罗斯的承认。它也没有得到塞尔维亚的承认，因为塞尔维亚仍然认为科索沃是自己的一个自治区域。情况的复杂之处在于，如果西方不承认克里米亚和俄罗斯的归属关系（在未来的很多年里都不太可能承认），那么俄罗斯就不会承认科索沃的主权，中国也不太可能承认科索沃的主权。然而，由于科索沃的规模很小，因此它在经济上的重要性微乎其微。相比而言，其他东欧经济体更为重要。

不可忽略的是，“16+1”的地图中没有包括三个东欧国家：白俄罗斯、摩尔多瓦以及尤为重要的乌克兰。乌克兰不仅是欧洲大陆中央地区人口最多的国家，而且也是从亚洲到西欧重要的枢纽国。物流通常需要经过乌克兰将产品从中国运到西方，再从西方经过乌克兰将产品运回中国。当然，即使不将乌克兰、白俄罗斯和相对较不重要的摩尔多瓦包括在“一带一路”项目内，也能够并且将会实现联通。但这一次地缘政治因素占了上风，显然苏联因素仍然影响着俄罗斯以及和它开展制度性国际合作的视野。这就是为什么这些国家虽为东欧国家，却不参与中国提供给这一地区重要的基础设施项目建设。

也有一些人借此机会指责中国利用“16+1”倡议干预欧洲一体化进程。目前，16 个参与该倡议的国家中有 11 个是欧盟成员国，其余 5 个国家可能会在下一个十年之内加入欧盟。欧盟委员会宣布，在改革方面取得重大进展的黑山和塞尔维亚两个西巴尔干国家可以在 2025 年加入欧盟，但这一观点被认为过分乐观，或被视为促进两国在结

表 7-1：16 个中东欧国家与中国的 GDP 对比（2017）

名称	GDP（MR）		GDP（PPP）	
	十亿美元	占中国 GDP 的百分比	十亿美元	占中国 GDP 的百分比
阿尔巴尼亚	13	0.11	35.9	0.16
波斯尼亚和黑塞哥维那	17.5	0.15	43.9	0.19
保加利亚	56	0.47	152.4	0.66
克罗地亚	53.5	0.45	100.2	0.43
匈牙利	132	1.11	283.6	1.23
黑山	4.4	0.04	10.9	0.05
捷克	209.7	1.76	372.6	1.61
爱沙尼亚	25.7	0.22	41.2	0.18
拉脱维亚	30.2	0.25	53.5	0.23
立陶宛	46.7	0.39	90.6	0.39
马其顿	11.4	0.10	31.6	0.14
波兰	510	4.27	1,111	4.81
罗马尼亚	204.9	1.72	474	2.05
塞尔维亚	39.4	0.33	106.6	0.46
斯洛伐克	95	0.80	178.7	0.77
斯洛文尼亚	48.1	0.40	70.4	0.30
中国	11,940		23,120	

来源：作者根据世界银行资料计算。

MR：市场现价；PPP：购买力平价。

构、制度和标准上加快与欧盟统一的手段。

2018年初，欧盟委员会发表了“西巴尔干战略”。有一种观点认为中国在巴尔干地区的经济活动令人担忧。这一说辞使人感到意外。如果中国在其战略利益的指导下，改善和发展东欧经济体的运输、跨境和转运基础设施的质量的话，这对加快欧洲一体化是有利无害的。

欧洲不应该害怕中国日益增加的影响力，而应该更加巧妙地利用它。如果中国想在这里实现双赢，我们应该为之喝彩。与布鲁塞尔的一些政界人士不同，匈牙利外长彼得·西贾托（Peter Szijjarto）在布达佩斯欢迎中国总理李克强出席2017年的“16+1”领导人峰会时表示：“我们在这个地区将中国在世界新秩序中的主导作用视为一种机遇，而不是一种威胁。”〔皮托（Peto），2018〕他是正确的，显示出他作为一个欧盟和北约成员国外交部长的政治勇气。他的这一立场与一些欧洲官员以及美国总统所表现出的立场截然相反。

首先，这不仅是民族情感问题，而且是一种经济计算。中国在中欧和东欧实施的第一个大型基础设施项目是建设贝尔格莱德至布达佩斯之间长336千米的铁路线（其中有184千米经过塞尔维亚，152千米经过匈牙利）。这项工程大约耗费30亿美元，经过匈牙利的那一段项目费用的85%将由匈牙利从中国进出口银行获得的软贷款来承担，其贷款利率低于市场利率。这个项目大部分由中国公司承包，可以将塞尔维亚和匈牙利首都之间的行程时间缩短一半，预计火车时速将达到160至200千米。但更重要的是，它为从比雷埃夫斯港（希腊的一个码头，由中国控股）的商品货运提供了一条能抵达东欧和更远地方的陆路通道。为了实现这一点，从希腊通过马其顿和塞尔维亚部分地区的铁路线路需要更为现代化的改造，但这需要一个合适的时机。

三、中国拯救了我们？

正如29年前第一次冷战结束、苏联解体后一样，期望美国利用其经济、政治和军事等方面的力量来“拯救世界”，并成为世界领袖的想法是不切实际的〔布热津斯基（Brzeziński），2007〕。如果对中国抱有这样的期望同样是不现实的。尽管中国有强大的实力，但它既没有那么多资金，也没有意图这样做。不过，怀疑和声讨中国的声音依然存在。中国并不想统治世界，它不过是想利用全球化来谋求自身的利益，但这并非意味着要建立在损害其他国家利益的基础上。有时中国甚至能为有需要的国家提供帮助。中国的做法至少能够让绝大部分国家走上正轨而不是走回原来的老路。

一些人对“一带一路”及其区域性版本（如“16+1”合作）的期望很高（可能过高），而另一些人则担心某些国家变得依赖中国。有一些人不切实际地认为中国会帮助他们彻底解决国内问题，而另一些人则告诫大家不要落入对中国过度依赖的陷阱。这些想法主要来自于无知的政客，然而可悲的是，任何国家都不乏这样的人存在。有的人对中国人的看法越来越积极，而有的人对中国人评价不高，并且很不待见他们。从这些观点里可以看出一些影响他们评判的因素：根植于过往的成见、近距离的亲身体验、经济上的援助、对于未来的承诺。同时，在他们身上也能看到引导舆论的西方媒体的影响力，它们对中国极少抱有同情。

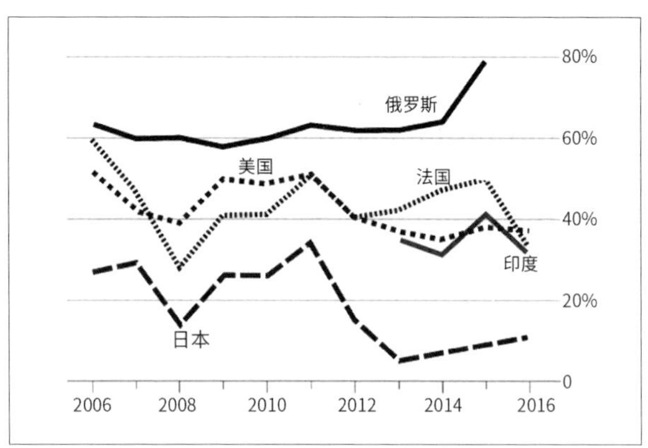

图 7-1：不同国家对中国持积极评价的人数比例

来源：作者根据皮尤研究中心的调查结果编制。

引人瞩目的是这些因素很大程度上影响了民意。我们要记住投票结果具有代表性。在绝大多数情况下，那些不论是对中国持赞成还是持反对意见的人都从未去过中国。他们的观点在很大程度上被大众叙事的方式所影响，其中媒体起着主导作用，同时或多或少受到政治的影响。这也解释了为什么除了历史和地缘经济的影响，会出现 80% 的俄罗斯人对中国持正面看法，而日本只有 10%。如果我们仔细看一看这些平均数背后的故事，就会发现在这些国家中，20—29 岁的年轻人都持比较积极的看法，中年人（30—49 岁）持怀疑的态度，50 岁以上的人持强烈的不喜欢的态度。在美国和日本，年轻人对中国的好感是老年人的两倍。这些观点有强烈的历史印记，因为不同年龄的人有着不同的经历。老一辈人会改变他们的观点吗，抑或年青的一代将加入那些对中国更有戒心的老一辈人行列？到底谁对中国持有更加强烈的保留态度？

不同于自然界，政治和经济领域并不是相互独立存在的系统，它们之间总是相互交织渗透。正如我们现在所知道的，中国的情况也是如此，中央计划经济尚未完全消除，但它与开放自由的市场经济能够相互作用；国家主义的意识形态与企业家精神并存。中国对整个未来世界来说都有着非同寻常的意义，因此相比世界其他国家，新实用主义在中国脱颖而出尤为重要。

如今，中国逐渐走上新实用主义经济建设的道路，倡导更具包容性的全球化，致力于改善全球经济中金融贸易的不平衡，比一些高度发达的国家更加重视生态保护（过去曾造成了许多破坏）。中国没有太多的新自由主义。中国从自身发展中变得更加自信，越来越多的新实用主义思想正在站稳脚跟（胡必亮，2018）。的确，没有哪个国家能够像中国这样经济规模庞大和具有全球性影响，并将市场的无形之手与国家的有形之手有效结合起来。虽然北欧经济体和加拿大在这一点上可以表现得更好，但它们对全球经济进程的影响微乎其微。

已经上演的全球化“大戏”，加上安全问题和环境问题，这三者将决定我们文明的“生死存亡”。中国在很大程度上能够塑造未来世界的理想面貌，制约日益加剧的全球性威胁，同时降低经济及其他各个领域的灾难性风险。如果经济回到传统的新自由主义状态，而世界无法抑制新民族主义的升级，那么上述危险便是世界将要面临的。不过我们可以盼望这两种情况都不会发生，而这很大程度上要归功于中国的力量。

这个前提是：中国能够成功保护自由贸易不受经济民族主义者的影响；支持《巴黎气候协定》治理全球气候变暖的进程，说服美国放弃退出该协定；在未来几十年内在非洲和中东投资数万亿美元，提高这些地区的经济增长率从而改善当地人民的生活条件和减缓人口爆炸的趋势，最终解决欧洲的移民问题；避免朝鲜核危机冲突加剧，就像中国曾帮助伊朗那样。如果中国能够做好以上的事情，那么我们都能够从中受益。当然，还有更多的“前提”。但对于中国自身而言，第一个重要的前提是：如果中国不能应对人口问题，即不能在人口政策、移民控制和机器取代人工三方面采取明智的措施，那么中国不可避免地要面对老龄化所带来的挑战，而这将会阻碍中国的经济发展。这样到 21 世纪中叶，中国在实现建设“富强、民主、文明、和谐和美丽的社会主义现代化伟大国家”的道路上将会举步维艰。第二个重要的前提是：如果中国未能通过在教育、区域发展和财政转移支付方面采取措施，大幅缩小收入和财富不平等的幅度，这一计划将永远不会得到落实。目前，经济的发展造成了收入分配的不平等，不可避免地使得保持及扩大社会生产受到社会动荡的干扰和威胁。因此，缩小收入差距是今后发展的要务。如果中国在人口拥挤的条件下想成为一个美丽的国家，实现水清如镜，绿草如茵，人民能看到美不胜收的风景，它就必须要有更大的环保决心，努力实现生态平衡。中国在这方面已经做了很多的努力，但还要加倍努力——这是第三个重要的前提，它将向世界证明，一个国家无法让肮脏和美丽共存。第四个重要的前提是：中国在取得巨大的经济成就和日益提升全球经济地位的过程中，如果试图采取霸权模式或卷入外国冲突，必然会造成世界的不和谐与不安定。

在经济发展历程中，一些问题的解决通常伴随着新问题的出现，在当今世界也是如此，包括在世界上有着重要地位的中国。当然，未来的情况也有可能会发生变化。有些困难被克服了，新的困难又出现了。当前在中国经济发展过程中，成本与收益之间的平衡维系得很好。中国人的乐观也建立在这种情况会继续下去的信心之上。此外，在经济不稳定和不确定的时期，中国人会设法输出这种乐观情绪，他们乐于分享这样的情绪。

中国不会把欧亚大陆变成亚欧大陆，但它必将会改变从北太平洋到北大西洋大陆的地缘政治、经济结构以及各大洲的重要性。

世界不应害怕中国，而应该相信中国。中国可能不会拯救世界，但可以帮助世界前行，避免翻车。

最后的反思

既然历史还没有结束，西方也没有很好地保持必要的理性，那么也许我们应该把希望寄托在东方？距离东方统治世界的时间，据说也就是在22世纪初，仅有100年了，但世界上谁也不主导谁可能是最好的情况。毕竟，地球是圆的，和谐、均衡、平衡、协调更为重要。为了使它们生根，必须以一种不同于以往的价值观体系为指导，这种价值观体系由团结和责任共担。人类在两个世纪前仅有10亿人，到一个世纪前才达到20亿人，那么我们能在几年内壮大到80亿人，在数十年内壮大到100亿人吗？

如果全球化被赋予一个更合理、更具包容性的维度，我们就有机会深化它的进程。具有讽刺意味的是，对于一个经济学家来说，这种机会并非来自经济逻辑，而是来自宏观政治环境和人类的心理环境。他们发现当要对抗敌人时，是最容易团结起来进行集体努力的。有些人显然是在寻找敌人。如果这些是个人或小社会群体，那问题还不大；但如果大国这样做，问题就严重多了。一些国家利用政治和领导人的言辞，创造了这样一个外部敌人。美国总统在推特上直接宣布，美国希望中国成为它的敌人。令人欣慰的是，中国并不想把其他国家变成敌人，而是寻求与它们进一步合作的渠道。虽然这是个令人惊讶的事实，但中国似乎更明白处在当前文明的十字路口，到底什么才是当务之急。

在很久以前，罗马式和平一度统治地中海，但这种统治并不是永久的。曾几何时，美式和平一度要统治世界，但这一错觉没有持续很久。现在，有一些人认为中国主导的和平世界即将出现。当然，这还没有发生，但是我们可以寄希望于一个事实，那就是中国在全球政治和经济舞台上正不可避免地成为愈加重要的角色，随着时间的推移，中国将向世界展现部分能力，比如集体行动能力、共同体行为能力，而如果没有这些能力，人类将无法控制自己的未来发展。

如果文明要在和平与安定中生存，或者至少在其中一种状态生存，必须要以社会市场经济为基础。如果斯堪的纳维亚式的社会市场经济能应用于全世界，那将是非常好的，它会在价值观和体制上留下印记，但这对于世界上大部分地区来说仍然是一个空想。与此同时，如果中国为那一特定体系设定好航向——再一次说明，显然是带有中国特色的——那么它会为中国社会的福祉作出贡献，同时也给其他国家以启示。

既然敌人已经来了，我们需要在思想和行动上更加团结，这种团结应该是跨国界甚至是全球的。野蛮人已经到来，但是这次来的不是带着军队的其他民族或者国家。我们并没有被外部敌人威胁，因为我们没有外部敌人；我们面对的是全球性的挑战。这才是我们需要去应付的敌人。我们需要整装待发，齐力应对全球变暖和环境破坏来保卫自己。我们必须团结起来，因为这已经不再是一个国家能够独自完成的任务。从长远来看，我们需要联合起来进行人口管理，否则，有些国家会有太多人口，而另一些国家则会人口太少，大家都会很无助。我们需要对这种不可逆转的经济全球化进行管理，以一种与过去不同的方式，改变容易引发冲突的收入和财富分配不平等状况。

所有这一切都应该在体制规则的框架内而不是在混乱之中发生。如何组织好这个秩序？这还需要一些功能性的领导形式。如何确定领导形式？这需要我们从全新的角度看待我们面临的问题。如何解决这些问题？现在我们需要寻找途径，不仅使特殊利益服从于社会利益（请注意，即使在这方面，也还没有取得多少成果），还要使国家利益服从于全球利益。那是乌托邦吗？现在暂且是，但还有未来。

参考文献

Acemoglu, Daron and James A. Robinson (2012). “Why Nations Fail. The Origins of Power, Prosperity, and Poverty”, Crown Business, New York.

Ahuja, Ashvin, Nigel Chalk, Malhar Nabar, Papa N’Diaye and Nathan Porter (2012). “An End to China’s Imbalances?”, “IMF Working Paper”, WP/12/100, International Monetary Fund, Washington, DC.

Andelman, David (2017). “Trump’s biggest nightmare? China and Russia’s newfound friendship”, CNN, August 1 (https://edition.cnn.com/2017/08/01/opinions/china-and-russia-are-teaming-up-andelman-opinion/index.html).

Anderson, Jon Lee (2017). “Accelerating Revolution”, “The New Yorker”, December 8, pp.42-53.

Bałtowski, Maciej (2017). “Evolution of economics and the new pragmatism of Grzegorz W. Kolodko”, TIGER Working Papers, No.136 (http://www.tiger.edu.pl/Baltowski_Evolution%20of%20economics%20and%20the%20new%20pragmatism%20of%20Grzegorz%20W.%20Kolodko_III%202017.pdf).

Bauer, Tamás (1978). "Investment Cycles in Planned Economies", "Acta Oeconomica", Vol. 21, No. 3, pp.243-260.

BBC (2018a). "CIA chief says China 'as big a threat to US' as Russia", "BBC News", January 30 (http://www.bbc.com/news/world-us-canada-42867076).

BBC (2018b). "US Senate reaches two-year budget deal", "BBC News", February 7 (http://www.bbc.com/news/world-us-canada-42981072).

BBC (2018c). "Trump steel tariffs: Trade wars are good, says Trump", "BBC News", March 2 (http://www.bbc.com/news/world-us-canada-43257712).

BBC (2018d). "Rex Tillerson slams China's relationship with Africa", "BBC News", March 5 (http://www.bbc.com/news/world-us-canada-43307461).

BBC (2018e). "Trump blocks Broadcom's bid for Qualcomm on security grounds", "BBC News", March 13 (http://www.bbc.com/news/business-43380893).

BBC (2018f). "Xi Jinping warns any attempt to split China is 'doomed to fail' ", "BBC News", March 20 (http://www.bbc.com/news/world-asia-china-43466685).

Bell, Daniel A. (2015). "The China Model: Political Meritocracy and the Limits of Democracy", Princeton University Press, Princeton, New Jersey.

Berger, Ron,Chong Ju Cho and Ram Herstein (2013). "China's Social Market Economy: The Leverage of Economic Growth", "International Journal of Asian Business and Information Management", Vol. 4, Issue 1, pp.21-30.

Bershidsky, Leonid (2017). "Russia's Military Is Leaner, But Meaner", "Bloomberg View", December 14 (https://www.bloomberg.com/view/articles/2017-12-14/russia-s-military-is-leaner-but-meaner).

Berthold, Rolf (2017). "About the 19th National Congress of the CPC", "China Today", November, pp.30-31.

Bolt, Andrew (2017). "Turkey Threatens to Drown Europe in Muslims", "Herald Sun", March 17 (http://www.heraldsun.com.au/blogs/andrew-bolt/turkey-threatens-to-drown-europe-in-muslims/news-story/909cba32fe5e8e1b029eac518fd3d71a).

Block, Fred. (1994). "The Roles of the State in the Economy", in: Smelser, Niel J. and Richard Swedberg (eds.), "The Handbook of Economic Sociology", Princeton University Press, Princeton, New Jersey.

Bremmer, Ian (2010). "The end of the free market. Who wins the war between states and corporations?", Portfolio, New York.

Brzeziński, Zbigniew (2007). "Second Chance: Three Presidents and the Crisis of American Superpower", Basic Books, New York.

Buc, HernánBüchi (2006). "How Chile Successfully Transformed Its Economy", "Backgrounder", No. 1958, September 18, Heritage Foundation, Washington, DC (file:///C:/Users/gwk/Downloads/bg1958.pdf).

Bulletin (2018). "Timeline: It is 2 minutes to midnight", "Bulletin of the Atomic Scientists", University of Chicago, January 25 (https://thebulletin.org/clock/2018).

Charlesworth, Harold K. (1956). "The Economics of Repressed Inflation", Routledge, Abigdon, Oxon.

Cheremukhin, Anton, Mikhail Golosov, Sergei Guriev i Aleh Tsyvinski (2015). "The Economy of People's Republic of China from 1953", "NBER Working Paper", No. 21397, July.

China Daily (2017a). "China's private sector regains strength on optimistic economic outlook", "China Daily", August 2 (http://www.chinadaily.com.cn/business/2017-08/02/content_30328022.htm).

China Daily (2017b). "Xi Jinping and His Era", "China Daily", November 18-19, pp.5-8.

Cieślik, Jerzy (2016). "Entrepreneurship in Emerging Economies: Enhancing its Contribution to Socio-Economic Development", Palgrave MacMillan, Houndmills, Basingstoke, Hampshire.

Csaba, László (2009). "Crisis in Economics?", Akadémiai Kiadó, Budapest.

Dickens, Charles (2006). "Oliver Twist", Sterling Publishing, New York.

Easterly, William (2002)." The Elusive Quest for Growth. Economists' Adventures and Misadventures in the Tropics", MIT Press, Cambridge, Mass.–London.

Easterly, William (2006)."White Man's Burden: Why the West's Efforts to Aid the Rest Have Done So Much Ill and So Little Good", The Penguin Press, New York.

Economist (2012). "Teenage angst", "The Economist", August 25 (http://www.economist.com/node/21560890).

Economist (2013). "The Sinodependency index. Middling Kingdom", July 13 (https://www.economist.com/blogs/graphicdetail/2013/07/

sinodependency-index).

Economist (2016). “The new nationalism”, “The Economist”, November 19 (https://www.economist.com/news/leaders/21710249-his-call-put-america-first-donald-trump-latest-recruit-dangerous).

Economist (2018a). “The growing danger of great-power conflict. How shifts in technology and geopolitics are renewing the threat”, “The Economist”, January 25 (https://www.economist.com/news/leaders/21735586-how-shifts-technology-and-geopolitics-are-renewing-threat-growing-danger).

Economist (2018b). “China moves into Latin America”, “The Economist”, February 3 (https://www.economist.com/news/americas/21736192-asian-giant-taking-advantage-other-powers-lack-interest-region-china-moves).

Economist (2018c). “Chinese tech v American tech”, “The Economist”, February 17 (https://www.economist.com/news/business/21737075-silicon-valley-may-not-hold-its-global-superiority-much-longer-how-does-chinese-tech).

Economist (2018d). “How the West got China wrong”, “The Economist”, March 1 (https://www.economist.com/news/leaders/21737517-it-bet-china-would-head-towards-democracy-and-market-economy-gamble-has-failed-how) .

Eggleston, Karen (ed.) (2016). “Policy Challenges from Demographic Change in China and India”,Walter W. Shorenstein Asia-Pacific Research Center Books, Stanford, CA.

Eichengreen, Barry, Donghuyn Park and Kwanho Shin (2011). “When Fast Growing Economies Slow Down: International Evidence and Implications for China", "NBER Working Paper Series", "Working Paper" 16919, National Bureau of Economic Research, Washington DC.

Emerging Europe (2017), "Poland to switch from emerging to developed market", October 16 (http://emerging-europe.com/regions/poland/poland-switch-emerging-developed-market-september-2018/).

European Commission (2018). "Strategy for the Western Balkans: EU sets out new flagship initiatives and support for the reform-driven region", European Commission, Strasbourg, February 6 (http://europa.eu/rapid/press-release_IP-18-561_en.htm).

Fisher, Irving (1973). "I Discovered the Phillips Curve: 'A Statistical Relation between Unemployment and Price Changes'", "Journal of Political Economy", Vol. 81, No. 2, pp.496-502.

Fortune Global 500 (varoius years). "CNN Money" (http://fortune.com/global500).

Friedman, Thomas L. (2005). "The World Is Flat: A Brief History of the Twenty-first Century", Farrar, Straus and Giroux, New York.

Frydman, Roman, Grzegorz W. Kolodko and Stanislaw Wellisz (1991). "Stabilization Policies in Poland: A Progress Report", in: Emil-Maria Claassen (ed.), "Exchange Rate Policies in Developing and Post-Socialist Countries", An International Center for Economic Growth Publication, ICS Press, San Francisco, pp.89-115.

Fukuyama, Francis (1989). "The End of History", "The National Interest", Summer (http://www.wesjones.com/eoh.htm).

Galbraith, James K. (2014). "The End of Normal: The Great Crisis and the Future of Growth", Simon and Schuster, New York.

Galbraith, James K. (2018). "Backwater Economics and New Pragmatism: Institutions and Evolution in the Search for a Sustainable Economics", "TIGER Working Papers Series", No. 138 (January 2018), Kozminski University, Warsaw (http://www.tiger.edu.pl/TWP%20No.%20138%20--%20Galbraith.pdf).

Haberler,Gottfried (1977). "Stagflation: An Analysis of Its Causes and Cures", American Enterprise Institute for Public Policy Research, No. 329, Washington, DC.

Halper,Stefan (2010). "The Beijing Consensus: How China's Authoritarian Model Will Dominate the Twenty-First Century", Basic Books, New York.

Harvey, David (2005). "A Brief History of Neoliberalism", Oxford University Press, Oxford–New York.

Hegel,Georg Wilhelm Friedrich (1956). "The Philosophy of History", Dover Publications, Mineola, NY.

Heilbroner Robert and William Milberg (1995). "The Crisis of Vision in Modern Economic Thought", Cambridge University Press, New York.

Hofman, Bert (2018). "Reflections on forty years of China's reforms", "East Asia & Pacific on the Rise", The World Bank, February 2 (https://blogs.worldbank.org/eastasiapacific/reflections-on-forty-years-of-china-reforms).

Hu, Biliang (2018). "The Belt and Road Initiative and the Transformation of Globalization", "Distinguished Lectures Series", Kozminski University, No. 26 (http://www.tiger.edu.pl/publikacje/dist.htm).

Huang, Yukon (2017). "Cracking the China Conundrum: Why

Conventional Economic Wisdom Is Wrong", Oxford University Press, New York.

Huntington, Samuel P.(1996). "The Clash of Civilizations and the Remaking of World Order", Touchstone, New York.

IMF (2011). "Enhancing International Monetary Stability. A Role for the SDR?", International Monetary Fund, Washington, DC, January 7 (http://www.imf.org/external/np/pp/eng/2011/010711.pdf).

Jacques, Martin (2009). "When China Rules the World: The End of the Western World and the Birth of a New Global Order", Penguin Books, New York.

Kissinger, Henry (2011). "On China", Penguin Press, New York.

Kissinger, Henry (2014). "World Order", Penguin Press, New York.

Kobayashi, Takuma (2017). "Overcapacity in China after Economic Crisis: In Relation to Industrial Location", "The Journal of Comparative Economic Studies", Vol. 12, December, pp.143-160.

Kolodko, Grzegorz W. (1986a). "The Repressed Inflation and Inflationary Overhang under Socialism", "Faculty Working Paper", No. 1228, Bureau of Economic and Business Research, University of Illinois, Urbana-Champaign.

Kolodko, Grzegorz W. (1986b). "Economic Growth Cycles in the Centrally Planned Economies: A Hypothesis of the 'Long Cycle'", "Faculty Working Paper", No. 1280, Bureau of Economic and Business Research, University of Illinois, Urbana-Champaign.

Kolodko, Grzegorz W. (1999a). "Equity Issues in Policymaking in Transition Economies", in: Vito Tanzi, Ke-young Chu i Sanjeev

Gupta (eds.), "Economic Policy and Equity", International Monetary Fund, Washington, DC, pp.150-188.

Kolodko, Grzegorz W. (1999b). "Transition to a market economy and sustained growth: Implications for the post-Washington consensus", "Communist and Post-Communist Studies", Vol. 32, No. 3, pp.233-261.

Kolodko, Grzegorz W. (2000a). "From Shock to Therapy: The Political Economy of Postsocialist Transformation", Oxford University Press, New York.

Kolodko, Grzegorz W. (2000b). "Post-Communist Transition: The Thorny Road", University of Rochester Press, Rochester, NY, USA, and Woodbridge, Suffolk, UK.

Kolodko, Grzegorz W. (2002). "Globalization and Catching-up In Transition Economies", University of Rochester Press, Rochester, NY and Woodbridge, Suffolk, UK.

Kolodko, Grzegorz W.(2004). "Institutions, Policies and Growth", "Rivista di Politica Economica", Maggio-Giugno, pp.45-79.

Kolodko, Grzegorz W. (2011a). "Truth, Error and Lies: Politics and Economics in a Volatile World", Columbia University Press, New York.

Kolodko, Grzegorz W. (2011b). "New Pragmatism versus Failing Neoliberalism", "Let's Talk Development", A blog hosted by the World Bank Chief Economist, February 25 (https://blogs.worldbank.org/developmenttalk/new-pragmatism-versus-failing-neoliberalism).

Kolodko, Grzegorz W. (2014a). "Whither the World: Political Economy of the Future", Palgrave Macmillan, New York.

Kolodko, Grzegorz W. (2014b). "Bring Poland to the G20, and don't cry for Argentina", "The Economist", March 1 (http://www.economist.com/news/letters/21597863-argentina-english-cyprus-congress-artificial-limbs-fracking-switzerland-condoms).

Kolodko, Grzegorz W. (2014c). "The New Pragmatism, or Economics and Policy for the Future", "Acta Oeconomica", Vol. 64, No. 2, pp.139-160.

Kolodko, Grzegorz W. (2014d). "Cold War II", "Blog–Volatile World", post 2506, November 10 (http://www.wedrujacyswiat.pl/blog/gwk_BLOG.pdf).

Kolodko, Grzegorz W. (2016). "How to Destroy a Country. The Economics and the Politics of the Greek Crisis", "Rivista di Politica Economica", IV-VI (aprile/giugno), pp.37-61.

Kolodko, Grzegorz W. (2017). "Will China Save the World?", "Roubini EconoMonitor", May 24 (http://www.economonitor.com/blog/2017/05/will-china-save-the-world/).

Kolodko, Grzegorz W. i Walter W. McMahon (1987). "Stagflation and Shortageflation: A Comparative Approach", "Kyklos", Vol. 40, No. 2, p.176-197 (http://www.tiger.edu.pl/kolodko/artykuly/Stagflation_and_Shortageflation.pdf).

Kolodko, Grzegorz W. i Mario D. Nuti (1997). "The Polish Alternative: Old Myths, Hard Facts and New Strategies in the Successful Transformation of the Polish Economy", "Research for Action", 33, United Nations University World Institute for Development Economics.

Kornai, János(1971). "Anti-Equilibrium: On Economic System Theory and the Task of Research", North Holland, Amsterdam.

Kornai, János (1980). "Economics of Shortage", North Holland, Amsterdam.

Kornai, János (1986). "The Soft Budget Constraints", "Kyklos", Vol. 39, No. 1, pp.3-30.

Kornai, János (1990). "The Road to a Free Economy: Shifting from a Socialist System. The Example of Hungary", W. W. Norton and Company, London–New York.

Kornai, János (1992). "The Socialist System: The Political Economy of Communism", Princeton University Press, Princeton, New Jersey.

Kornai, János (2008). "From Socialism to Capitalism", Central European University Press, Budapest–New York.

Kornai, János (2014). "Dynamism, Rivalry, and the Surplus Economy. Two Essays on the Nature of Capitalism", Oxford University Press, Oxford–New York.

Kornai, János and Yingyi Qian (2009). "Market and Socialism: In the Light of the Experiences of China and Vietnam", Palgrave Macmillan, Houndmills, Basingstoke, Hampshire–New York.

Kraemer,Kenneth L., Greg Linden and Jason Dedrick (2011). "Capturing Value in Global Networks: Apple's iPad and iPhone", "PCIC Working Paper", Personal Computing Industry Center, University of California, Irvine, July (http://pcic.merage.uci.edu/papers/2011/value_ipad_iphone.pdf).

Kupchan, Charles A. (2012). "No One's World: The West, the Rising Rest, and the Coming Global Turn", Oxford University Press, New York.

Lange, Oskar (1963). "Political Economy. Volume 1: General Problems", Pergamon Press, Oxford–New York.

Lange Oskar (1971). "Political Economy. Volume 2", Pergamon Press & PWN–Polish Scientific Publisher, Oxford–Warsaw.

Lardy, Nicholas R. (2014). "Markets Over Mao: The Rise of Private Business in China", Peterson Institute of International Economies, Washington, DC.

Lin, Justin Yifu (2004). "Lessons of China's Transition from a Planned to a Market Economy", "Distinguished Lectures Series", No. 16, Leon Kozminski Academy of Entrepreneurship and Management, Warsaw (www.tiger.edu.pl/publikacje/dist/lin.pdf).

Lin, Justin Yifu (2012a). "Demystifying the Chinese Economy", Cambridge University Press, Cambridge.

Lin, Justin Yifu (2012b). "New Structural Economics: A Framework for Rethinking Development and Policy", The World Bank, Washington, DC.

Marx, Karl (1992). "Capital: Volume 1: A Critique of Political Economy", Penguin Classics, London.

Marx, Karl and Friedrich Engels (2014). "The Communist Manifesto", International Manifesto, New York.

Marcus, Jonathan (2018). "The 'globalisation' of China's military power", "BBC News", February 13 (http://www.bbc.com/news/world-asia-china-43036302).

Mathew, Oliver (2017). "Chinese outbound tourists–new 2017 report", "Thematic Report", CLSA, Hong Kong, July 17 (https://www.clsa.com/idea/chinese-tourists-expand-their-horizons/).

McGregor, James (2012). “No Ancient Wisdom, No Followers: The Challenges of Chinese Authoritarian Capitalism”, Prospecta Press, Westport, CT.

Milanovi c, Branko (2016). “Global Inequality for the Age of Globalization”, The Belknap Press of Harvard University Press, Cambridge, Massachusetts–London, England.

Minxin, Pei (2016). “China’s Crony Capitalism: The Dynamics of Regime Decay”, Harvard University Press, Cambridge, Massachusetts–London.

Moody, Andrew (2017). “Prescient author now rules the roost”, “China Daily”, November 17, p.20.

Morris, Ian (2010). “Why the West Rules–for Now: The Patterns of History and What They Reveal about the Future”, Profile Books, London.

Mosher, Steven W. (2017). “Bully of China: Why China’s Dream Is the New Threat to World Order”, Regnery Publishing, Washington, DC.

Naughton, Barry (2017). “Is China Socialist?”, “Journal of Economic Perspectives”, Vol. 31, No. 1, pp.3-24.

Naughton, Barry and Kellee S. Tsai (eds.) (2015). “State Capitalism, Institutional Adaptation, and the Chinese Miracle”, Cambridge University Press, New York.

New York Times (2017). “A Historic Tax Heist”, “The New York Times”, December 2 (https://www.nytimes.com/2017/12/02/opinion/editorials/a-historic-tax-heist.html).

North, Douglass C. (1990). “Institutions, Institutional Change and

Economic Performance", Cambridge University Press, New York.

North, Douglass C. (2005). "Understanding the Process of Economic Change", Princeton University Press, Princeton and Oxford.

Nuti, Domenico Mario (1986). "Hidden and Repressed Inflation in Soviet-Type Economies: Definitions, Measurements and Stabilization", "Contributions to Political Economy", Vol. 5, pp.37-82.

Nuti, D. Mario (2018a). "Kornai: Shortage versus Surplus Economies", "Acta Oeconomica", Vol. 68, No. 1, pp.85-98.

Nuti, D. Mario (2018b). "The Rise and Fall of Socialism", DOC-RI, Berlin (forthcoming).

OECD (2005). "OECD Economic Surveys: China", Vol. 13, Organization for Economic Co-operation and Development, Paris (http://homepage.ntu.edu.tw/~lbh/ref/OECD/42.pdf).

O'Neill, Jim (2012). "The Growth Map.Economic Opportunity in the BRICs and Beyond", Portfolio–Penguin, London.

Ormerod, Paul (1997). "The Death of Economics", John Wiley & Sons, Inc., New York.

Oxfam (2017). "An Economy for the 99%", "Oxfam Briefing Paper", January (https://www.oxfam.org/en/pressroom/pressreleases/2018-01-22/richest-1-percent-bagged-82-percent-wealth-created-last-year).

Oxfam (2018). "Richest 1 percent bagged 82 percent of wealth created last year - poorest half of humanity got nothing", "Oxfam International", January 22 (https://www.oxfam.org/en/pressroom/pressreleases/2018-01-22/richest-1-percent-bagged-82-percent-wealth-created-last-year).

Pankaj, Mishra (2012). "From the Ruins of Empire: The Revolt Against the West and the Remaking of Asia", Farrar, Straus and Giroux, New York.

Parekh, Bhikhu (2013). "Is Islam a Threat to Europe's Multicultural Democracies?", in:Krzysztof Michalski (ed.), "Religion in the New Europe", Central European University Press, Budapest, pp.111-121.

Peto, Sandor (2017). "Hungary launches rail link tender as CEE-China summit starts", "Reuters", November 26 (https://www.reuters.com/article/china-hungary-easteurope/hungary-launches-rail-link-tender-as-cee-china-summit-starts-idUSL8N1NW0IC).

Phelps, Edmund S. (2013). "Mass Flourishing: How Grassroots Innovation Created Jobs, Challenge, and Change", Princeton University Press, New York.

Phelps, Edmund S. (2018). "Economic Policymaking in the Age of Trump", "Project Syndicate", January 26 (https://www.project-syndicate.org/onpoint/economic-policymaking-in-the-age-of-trump-by-edmund-s--phelps-2018-01?barrier=accesspaylog) .

Piketty, Thomas (2014). "Capital in the Twenty-First Century", The Belknap Press of Harvard University Press, Cambridge, Massachusetts–London, England.

Pinker, Steven (2018). "Enlightenment Now: The Case for Reason, Science, Humanism, and Progress", Viking, New York.

Randers, Jorgen (2012). "2052: A Global Forecast for the Next Forty Years", Chelsea Green Publishing, White River Junction, Vermont.

Ridley, Matt (2010). "The Rational Optimist: How Prosperity Evolves", Harper–Collins, New York.

Ringen, Stein (2016). "The Perfect Dictatorship: China in the 21st Century", Hong Kong University Press, Hong Kong.

Rodrik, Dani (2015). "Economics Rules: Why Economics Works, When It Fails, and How To Tell the Difference", Oxford University Press, Oxford.

Roubini, Nouriel and Stephen Mihm (2010). "Crisis Economics. A Crash Course in the Future of Finance", The Penguin Press, New York.

Saunders, Doug (2012). "The Myth of the Muslim Tide: Do Immigrants Threaten the West?", Vintage Books, New York.

Shambaugh, David (2016). "China's Future", Polity Press, Cambridge, UK–Malden, MD.

Tian, Nan, Aude Fleurant, Peter D. Wezeman and Siemon T. Wezeman (2017). "Trends in World Military Expenditure, 2016", "SIPRI Fact Sheet", Stockholm International Peace Research Institute, April (https://www.sipri.org/sites/default/files/Trends-world-military-expenditure-2016.pdf).

Stedman, Jones, Gareth (2016). "Karl Marx: Greatness and Illusion", Allen Lane,Cambridge, Massachusetts.

Stiglitz, Joseph E. (1998). "More Instruments and Broader Goals: Moving Toward the Post-Washington Consensus", "WIDER Annual Lecture", 2, UNU-WIDER, Helsinki (https://www.wider.unu.edu/sites/default/files/AL02-1998.pdf).

Stiglitz, Joseph E. (2007). "Making Globalization Work", W. W.

Norton & Company, New York–London.

Subramanian, Arvind andMartin Kessler (2012). “The Renminbi Bloc Is Here: Asia Down, Rest of the World to Go?”, “Working Paper”, 12-19, Peterson Institute for International Economics, Washington, DC.

Tinbergen, Jan (1956). “Economic Policy: Principles and Design”, North Holland Publishing Company, Amsterdam.

Tirole, Jean (2017). “Economics of the Common Good”, Princeton University Press, Princeton, New Jersey.

Tooze, Adam (2007). “The Wages of Destruction: The Making and Breaking of the Nazi Economy”, Viking Penguin, New York.

Townson, Nigel (ed.) (2007). “Spain Transformed: The Franco Dictatorship, 1959-1975”, Palgrave MacMillan, New York.

Vogel, Ezra (2013). “Deng Xiaoping and the Transformation of China”, Belknap Press for Harvard University Press, Cambridge, Massachusetts and London.

Walicki, Andrzej (1995). “Marxism and the Leap to the Kingdom of Freedom: The Rise and Fall of the Communist Utopia”, Stanford University Press, Stanford.

Watkins, Eli and Abby Phillip (2018). “Trump decries immigrants from ‘shithole countries’ coming to US”, CNN, January 12 (https://edition.cnn.com/2018/01/11/politics/immigrants-shithole-countries-trump/index.html).

Wheen, Francis (2004). “How Mumbo Jumbo Conquered the World: A Short History of Modern Delusions”, Public Affairs, New York.

Williamson, John (1990). "What Washington Means by Policy Reform", in: John Williamson (ed.). "Latin American Adjustment: How Much Has Happened?", Institute for International Economics, Washington, DC, pp.7-20.

World Bank (1993). "East Asian economic miracle: economic growth and public policy", The World Bank, Washington, DC (http://documents.worldbank.org/curated/en/975081468244550798/pdf/multi-page.pdf).

Xi Jinping (2014). "The Governance of China", Foreign Languages Press, Beijing.

Xi Jinping (2017). "China's socialist democracy the most effective", "Xinhua reports on President Xi's report at the 19th Party Congress this morning", Xinhua, October 18.

Xinzhen, Lan (2017). "Setting the Course", "China Today", November, pp.22-25.

Yi, Yang (2013). "Youth urged to contribute to realization of 'Chinese dream'", "Xinhuanet", May 4.

Zhang, Hui (2017). "The 19th CPC National Congress Draws Blueprint for National Development", "China Today", November, pp.18-21.

Zurcher, Anthony (2018). "Seven things Trump's $500bn spending splurge tells us", BBC, February 10 (http://www.bbc.com/news/world-us-canada-43008311).